Schwäbische Küche

www.komet-verlag.de
Gesamtherstellung: Komet Verlag GmbH, Köln
ISBN 978-3-86941-043-2

Schwäbische Küche

KOMET

Inhaltsverzeichnis

Land & Leute

Achten Sie mal drauf: Kaum unterhält man sich über Spezialitäten der regionalen Küche, sagen wir mal über Flädlesupp oder Fleischpflanzl oder Mehlbüdel, gleich wird's nostalgisch. Da dreht Ihr Gesprächspartner die Augen gen Himmel und beginnt zu stöhnen. Entweder wohlig sehnsüchtig oder aber leicht gequält. Ganz besonders intensiv sind derartige Reaktionen beim Stichwort Schwaben: Weil hier schon fast reflexartig bei den kulinarischen Vorlieben allgemeine Vorurteile und Klischees geweckt werden. Schwaben heißt dann automatisch Spätzle und sparsam, Kartoffelsalat und kleinkariert, Buabaspitzle und Bausparen. Nun sind Klischees ja manchmal ganz nützlich, weil sie von wirklich jedem verstanden werden. Leider aber hinken sie oft einige Jahrzehnte hinter der Wirklichkeit her, auch der schwäbischen.

Natürlich ist auch am Schwabenland die Globalisierung, insbesondere die kulinarische, nicht spurlos vorübergegangen. Der Siegeszug von Fritteuse und Mikrowelle, von Fischstäbchen und Currywurst hat sich auch auf der rauen Alb nicht aufhalten lassen. Und genauso selbstverständlich heißen auch im Remstal und im Oberland etliche Gaststätten „Akropolis", „Bella Napoli" oder „Mandarin Garden". Früher hießen sie wahrscheinlich alle „Goldener Ochse", „Bär", „Pfau" oder „Zum Wilden Mann".

Maultaschen und Spätzle sind schwäbische Spezialitäten, die in verschiedensten Variationen als Hauptgerichte oder Beilagen gereicht werden. Diese frischen Eierteigwaren dürfen in der schwäbischen Küche ebenso wenig fehlen wie eine Soße, Brühe oder zumindest reichlich Butter.

Kein Wunder also, dass die schwäbische Heimatküche, wie alle anderen Regionalküchen auch, Gegenstand der Nostalgie wird. Zum Glück ist die schwäbische Küche ein würdiger Gegenstand sehnsüchtigen Erinnerns – es lohnt sich, sie durch intensives Schwärmen lebendig zu erhalten. Womit wir gleich mal anfangen wollen.

Die erste Begegnung mit der schwäbischen Küche brachte mich, den frisch nach Tübingen eingereisten Hamburger, eher zum Staunen als zum Frohlocken. In einer ganz normalen Metzgerei in der Neckargasse aßen ganz normale Menschen mittags regelmäßig etwas, das sich „saure Kutteln" nannte. Nicht zuletzt dank meiner schwäbischen Weiterbildung bin ich heute ein großer Freund jedweder Innereien, damals,

ich gestehe, grauste es mich. Aber es gab ja andere Dinge, die deutlich leichter zugänglich waren, vor allem das Glanzstück schwäbischer Sonntagsküche, der Rostbraten. An ihm wurde auch gleich ein sehr schwäbisches Phänomen deutlich, dass es nämlich zwei schwäbische Küchen gab: In Tübingen wurde der Rostbraten eher karg, fast ohne Sauce serviert, wenige Kilometer weiter, gleich hinter der Bahnschranke in Weilheim, gab es ihn mit üppiger Sahnesauce. Freund Camillo Badura, großer Degenfechter und Welterklärer, wusste, warum. Weil, so erzählte er, jenseits jener Bahnlinie das Bistum Rottenburg begann, und das sei natürlich katholisch, und die Katholiken seien den irdischen Freuden eher zugetan als die stark vom Pietismus geprägten schwäbischen Protestanten. Aber Rostbraten, gleichgültig in welcher Variante, ist eindeutig etwas für besondere Gelegenheiten, während regionale Küchen ursprünglich insgesamt eher arme Küchen waren.

Auch wenn man es sich heute kaum noch vorstellen kann angesichts eines blühenden Württembergs mit Porsche und Daimler-Benz und vielen anderen Erfolgsgeschichten – Schwaben war eine der ärmsten Regionen Deutschlands. „Schwabenkinder" wurden in reichere Gegenden verkauft, und Schwaben waren bei den größeren Auswanderungswellen immer dabei, ob Donauschwaben oder Texasschwaben. Die letzte größere Auswanderungswelle, diesmal aber weder aus religiösen noch aus wirtschaftlichen Gründen, richtete sich auf Berlin – so wie Berlin die größte türkische Stadt nach Istanbul ist, ist es wahrscheinlich auch die größte schwäbische Stadt nach Stuttgart.

Aber zurück zur armen Küche: Die Dinge, die in der Welt den Ruhm (oder auch die hartnäckigen Klischees) vom kulinarischen Schwaben begründet haben, sind eher ärmlicher Herkunft: die Spätzle, die Linsen und der Kartoffelsalat. Dieses Trio ist so extrem schwäbisch, dass es gern auch mal gemeinsam auf einem Teller auftritt. Am besten dann noch mit einem zarten Saitenwürstchen. Spätzle sind so sehr Teil des kulinarischen Erbes, dass wir auch die leicht übertriebene Ansicht, Schwaben und nicht Italiener oder gar Chinesen hätten die Nudeln erfunden,

zur Kenntnis nehmen. Die Spätzle jedenfalls, und das steht fest, sind hier erfunden und zu höchster Vollkommenheit entwickelt worden. Sie sind von Legenden umflort, wie zum Beispiel der, dass Bräute früher eine Art Spätzle-Eignungstest bei der Schwiegermutter ablegen mussten, bevor die Zustimmung zur Heirat erteilt wurde. Und natürlich mussten die Spätzle sauber vom Brett geschabt werden. Inzwischen ist das ein bisschen anders: Es gibt die verschiedensten Spätzle-Pressen, und der frühere Regierungspräsident von Nordwürttemberg, Manfred Bulling, hat sogar eine Presse erfunden, deren Austrittslöcher so ungleichmäßig geformt sind, dass man die Spätzle für frisch geschabt halten muss. Und

Rothaus

dann gibt es natürlich auch Trockenspätzle, die wie ganz gewöhnliche Nudeln aussehen und eher etwas für Ausländer sind. Und Spätzle sind es auch, die schlagend das Vorurteil von der extremen Sparsamkeit der Schwaben widerlegen: „Emmer oi Oi meeh verwenda" – zu Deutsch: „Immer ein Ei mehr verwenden". Wenn das nicht an Verschwendungssucht grenzt!

Die etwas raffiniertere Verwandte der Spätzle, die Maultasche, hat mittlerweile die Küchen der Welt erobert, sogar die ganz großen. Da wird dann die ursprüngliche Fastenspeise mit einer kostbaren Füllung wie Trüffeln oder Gänseleber zum wahren Luxusgericht. Umso schöner, dass Maultaschen einst erfunden wurden, um beim Fasten unauffällig etwas Fleisch genießen zu können – behauptet jedenfalls TV-Regisseur Titus Selge („Polizeiruf 110"): „Bei uns daheim heißen sie heute noch Herrgottsbscheißerle."

Die Kartoffeln, hierorts eigentlich Ärdäpfl oder Grombira genannt, also Erdäpfel oder Grundbirne, machen einen nicht unwesentlichen Teil der Küche aus, ich erwähne nur die Buabaspitzla, die schwäbische Form der Gnocchi. Eine durchaus tragende Rolle in der schwäbischen Küche spielt der legendäre Kartoffelsalat, für den jede Hausfrau, die auf sich hält, ihr eigenes, endgültiges, einzig authentisches Rezept hat. Nur eins ist allen Kartoffelsalaten gemein: Sie werden mit sehr viel Brühe und Öl angemacht. Denn wie sagt Titus Selge: „Kartoffelsalat muss schwitze!" Etwas drastischer hat das der frühere Ministerpräsident Lothar Späth ausgedrückt, für den der Kartoffelsalat „zwischen soichnass ond furztrocke" sein muss.

Mit dem Kartoffelsalat haben wir eine der gloriosen kulinarischen Einrichtungen Schwabens erreicht: die Vesper, gesprochen Weschper. Mag das im Lateinischen auch Abendstern oder Abendzeit heißen, im Schwäbischen heißt es das gewiss nicht. Hier ist es nämlich immer eine kleine Mahlzeit zwischendurch, und zwar rund um die Uhr. Und wie segensreich sie ist, das durfte ich erfahren, als ich für die Wulle-Brauerei („Wir wollen Wulle") Bierfahrer in Tübingen war. Unsere Tour führte uns durch entlegene Dörfer bis in die Sigmaringer Gegend, und wir belieferten alles, Haushalte und vor allem natürlich Gastwirtschaften. Wenn wir Glück hatten, und wir gaben uns ernsthafte Mühe, Glück zu haben, dann kamen wir zur Vesperzeit, also am Vormittag oder mittags oder am Nachmittag, gerade in einer Wirtschaft an, die zugleich Metzgerei war. (Wenn Sie heute noch etwas Derartiges finden, müssen Sie unbedingt einkehren!) Dort tranken wir dann unser Bier, und der Wirt servierte eine kleine Vesper. Das konnte ein Teller

warme Knöchle sein, oder ein Ochsenmaulsalat oder, besonders willkommen, ein schwäbischer Wurstsalat aus Schwarzwurst, Fleischwurst und Zwiebeln. Für uns hatte die Vesper etwas Lebensrettendes: Sie war willkommene Unterbrechung der schweren Arbeit und notwendige Stärkung zugleich.

Meist tranken wir natürlich Bier zur Vesper, außer im „Schwärzloch" vor den Toren Tübingens, da gönnten wir uns einen Krug Most, gesprochen Moscht. Ihn mit Apfelwein zu übersetzen wäre ziemlich verfehlt, denn der Most wird immer aus Äpfeln und Birnen vergoren. „Dabei kommt es auf das richtige Verhältnis an", erläuterte mir mein Freund und Ratgeber in Getränkefragen Karl Albus, der selbst ein 800-Liter-Fass im Keller hatte. „Zu viel Apfel, und der Moscht wird zu herb, zu viel Birne, und er wird zu lieblich." Seiner jedenfalls war genau richtig, herb und sehr erfrischend. Ein Getränk, das eine Renaissance wohl verdient hätte. Im Badischen, also gar nicht weit entfernt, hat Bernd Neuner-Duttenhofer das vorbildlich gemacht, vor allem sein Apfelsekt ist vortrefflich.

Will man dem Volksmund glauben, haben die Schwaben ein erstaunlich sachliches Verhältnis zum Essen: „Hauptsach', dr Ranze schpannt", verkündet zum Beispiel Titus Selge, und meint damit, zuerst müsse man satt werden, dann könne man über andere Aspekte des Essens reden. Und von erhabener Wahrhaftigkeit ist auch die schlichte Feststellung, die ich Renate Frank verdanke, der Weinexpertin der Zeitschrift «essen & trinken»: „A bissle isch emmer no besser wia gar nix". Von ihr habe ich auch die schwäbische Weisheit: „Bei de reiche lernt ma 's Spara, bei de Arme 's Kocha."

Müssen wir daraus folgern, dass die großen schwäbischen Küchenchefs aus eher bescheidenen Verhältnissen kommen? Wahrscheinlich nicht. Da ist zum Beispiel der große Albert Bouley im „Waldhorn" in Ravensburg, der dem Schwäbischen rasante exotische Akzente verpasste. Berühmt wurde er durch souveräne Aufnahme asiatischer Einflüsse, heute kann der Restaurantführer Gault-Millau auch die „klassisch perfekten Rehnüsschen in Chambertin" (nur echt mit handgeschabten Spätzle) feiern.

Ganz im Norden, im hohenlohischen Öhringen wirkt Lothar Eiermann im „Wald- und Schlosshotel Friedrichsruhe" so souverän, dass er seit Jahren einer der Lieblingsköche des Restaurantkritikers Gert v. Paczensky ist. Zusammen mit dem bayerischen Genie Gerhart Polt hat er gerade das bemerkenswerte Buch „Starke Stücke" veröffentlicht, in dem er gegen die kulinarische Verdummung zu Felde zieht. Und seine Leser Respekt vor Tier und Pflanze lehrt.

Und dann haben wir natürlich noch den nahezu allgegenwärtigen und ebenso großartigen Vincent Klink. Ihm verdanken wir nicht nur die grandiose Küche im Restaurant „Wielandshöhe" in Stuttgart Degerloch, sondern auch wunderbare literarische Bemühungen um die Küche. Nach diversen Almanach-Abenteuern ist er nun mit Wiglaf Droste Herausgeber von Deutschlands schönster Küchen-Zeitschrift „Häuptling Eigener Herd", die unter dem beachtenswerten Motto angetreten ist: „Wir schnallen den Gürtel weiter." Dort und auch in seinen Fernsehsendungen bringt uns Vincent Klink nicht nur das Kochen, sondern das Wichtigste überhaup bei: den respekt vor den Lebensmitteln. Da passt es, dass nicht zuletzt seinetwegen das Schwäbisch-Hallische Landschwein wieder eine Zukunft hat, und zwar eine große.

Schließlich gibt's da noch Rolf Straubinger mit seinem „Burgrestaurant Staufeneck" in Salach bei Göppingen. Ihm gelingt es ganz wunderbar, Urschwäbisches mit Mediterranem zu vereinen, zum Beispiel in seinem göttlichen Salat von Kalbskopf und Bries mit Salsa Verde. Da möchte man sich doch sofort hier auf der Alb niederlassen! Oder wie der Schwabe sagt: „Ebbes guats isch emmer 's Beschte."

Michelin-Sterne hin und Gault-Millau-Hauben her, die Seele der schwäbischen Küche äußert sich vor allem in bescheideneren Dingen, wie zum Beispiel der Laugenbrezel, die gleichsam ein Symbol schwäbischer Findigkeit ist. Bei Staatsempfängen in der Villa Reitzenstein ließ der damalige Ministerpräsident Kurt Georg Kiesinger wie selbstverständlich Brezeln reichen und ein Viertele Wein. Bei ganz besonderen Anlässen waren die Brezeln mit Butter bestrichen. Genauso hielt es der legendäre Stuttgarter Oberbürgermeister Manfred Rommel. Dass beide für ihren Wein nicht lange suchen mussten, versteht sich von selbst: Von der Villa Reitzenstein, der Staatskanzlei, blickt man auf schönste Stuttgarter Weinberge. Stuttgart dürfte tatsächlich die einzige Großstadt sein, in der sich die Weinberge fast bis zum Hauptbahnhof hinunterziehen. Früher nannte es sich auch stolz „Großstadt zwischen Wald und Reben".

Mag inzwischen auch in Schwaben der Pinot Grigio der meist verzehrte Wein sein, das Nationalgetränk ist und bleibt der Trollinger. Dieser leichte trockene Rotwein ist gemeint, wenn vom berühmten schwäbischen Viertele die Rede ist. Im charakteristischen rundlichen Henkelglas ausgeschenkt, verkörpert er das, was einst an der Wirtshaustür als „reelle Weine" angepriesen wurde. Nichts Besonderes, nichts, um über feine Nase und langen Abgang zu räsonnieren, sondern ein solider Trinkwein, schlicht und durchaus geeignet, auch mal als Schorle Erfrischung zu bringen. Aber auch das hat sich gründlich geändert. Schwäbischer Fleiß und schwäbische Tüftelkünste haben nicht nur Mercedes und Porsche ganz nach oben gebracht, und nicht nur WMF und Rösle haben mit ihren bemerkenswerten Edelstahlerzeugnissen das Leben in der Küche vereinfacht und verschönert, auch im Weinberg, oder auf Schwäbisch „Wengert", war der Fortschritt nicht zu bremsen. Selbst Tübinger Wein, von dem der Volksmund einst behauptete, er könne diarrhöische Reaktionen auslösen, die nur der Reutlinger Wein wieder stoppen könne, ist heute ein achtbarer Schoppenwein geworden.

Anderswo hat sich sogar ausgesprochen Großartiges ereignet, so sehr, dass wir vor einigen Jahren für »essen & trinken« sogar eine Weinprobe unter dem Titel „Die Super-Schwaben" machen konnten. In der Weinstube „Klink" in Stuttgart-Degerloch (nicht verwandt und verschwägert mit Nachbar Vincent) genossen wir einen Abend lang beste schwäbische Küche mit den dazugehörigen grandiosen Trollingern und Lembergern. Die schönen Roten, einst wirklich nur zum Nebenbeitrinken, sind wunderbar erwachsene Weine geworden und sind dabei doch eindeutig ihrer schwäbischen Herkunft treu geblieben. Weinexpertin Renate Frank („Häm mer zahlt, wird gässa") weigert sich zwar, ihre persönliche Hitliste zu verraten („das wäre zu ungerecht, weil ich garantiert die Besten vergessen würde"), lässt aber immerhin durchblicken, dass sie die Rieslinge von Beurer in Stetten im Remstal für gigantisch hält und dass die Roten, Trollinger, Lemberger und Spätburgunder von Wolfgang Alt in Brackenheim-Neipperg sensationell gut sind. Und schließlich sind da ja auch noch die Altmeister unter den Qualitätsmachern, von Graf Adelmann in Klein-Bottwar über Gerhard Aldinger in Fellbach und das 500 Jahre alte Weingut Ellwanger im Remstal bis hin zum Weingut Kistenmacher-Hengerer in Heilbronn.

Aber bevor wir hier weitere Ungerechtigkeiten begehen, indem wir weitere würdige Vertreter ihrer Zunft unerwähnt lassen, sollten wir lieber eine Flasche Roten aufmachen, eine schöne Vesper bereiten und die Weisheit des (allerdings bayerischen) Schwaben Bertolt Brecht beherzigen: „Fröhlich machet das Haus den Esser, er leert es."

Guten Appetit!

Suppen, Eintöpfe und Vespergerichte

Schwäbischer Topf

Zutaten für 4 Personen

4 Scheiben Rindslende (à 50 g)
Pfeffer
20 g Mehl
30 g Butter
Salz
1 Tl Edelsüßpaprika
250 ml Sahne
125 ml saure Sahne
2 Sardellenfilets
1 Tl Bratensaft (FP)
30 g Butter
2 El Schnittlauchröllchen
1 Zitrone
500 g frische Spätzle

Zubereitungszeit

25 Minuten
(plus Garzeit)

Pro Portion

ca. 910 kcal/3822 kJ
34 g E · 43 g F · 95 g KH

1 Das Fleisch pfeffern, im Mehl wenden und in Butter von jeder Seite 3 Minuten anbraten, salzen und warm stellen. Das Paprikapulver in das Bratfett streuen und sofort mit der süßen und der sauren Sahne verrühren.

2 Die Sardellenfilets zerdrücken und in die Sauce hineingeben, den Bratensaft darin auflösen und die Sauce 2 Minuten kochen lassen. In einer Pfanne die Spätzle in der restlichen Butter 5 Minuten lang braten.

3 Mit Salz würzen und auf einer vorgewärmten Platte anrichten. Mit den Fleischscheiben belegen. Sahnesauce und Schnittlauch darübergeben. Mit Zitronenvierteln garnieren.

Weinsuppe

Der Schwabe bevorzugt statt eines herkömmlichen Weinglases mit Stiel das typische Henkelglas. Dieses ist ein gedrungenes und bauchiges Gefäß, das meist einen grünen Henkel hat, und ist als Viertele (0,25 l) bekannt.

1 Die Butter in einem Topf zerlassen, das Mehl hinzugeben und goldgelb schwitzen lassen. Den Wein und das Wasser unter Rühren hinzugießen und glatt verrühren, 5 Minuten durchkochen lassen.

2 80 g Zucker, den Zitronensaft und die -schale und etwas Zimt hinzugeben, alles weiterköcheln lassen.

3 Inzwischen das Weißbrot klein würfeln und in einer Pfanne ohne Fett goldbraun rösten lassen. Herausnehmen und beiseite stellen. Anschließend die Eigelbe mit dem restlichen Zucker schaumig rühren, die heiße Suppe nach und nach dazugießen und aufkochen lassen. Die Weißbrotwürfel auf den Suppentellern verteilen, die Suppe darübergeben und sofort servieren.

Zutaten für 4 Personen

40 g Butter
40 g Mehl
1 l trockener Weißwein
500 ml Wasser
100 g Zucker
Schale und Saft von
1 unbehandelten Zitrone
1 Msp. Zimt
1 Scheibe Weißbrot
4 Eigelb

Zubereitungszeit

15 Minuten
(plus Kochzeit)

Pro Portion

ca. 400 kcal/1680 kJ
5 g E · 16 g F · 40 g KH

Gaisburger Marsch

Zutaten für 4 Personen

500 g Suppenknochen
(Rind oder Kalb)
Salz
2 Möhren
etwas Knollensellerie
1 Stange Porree
2 Zwiebeln
500 g Ochsenbrust
250 g Mehl
3 Eier
Salz, Pfeffer
500 g rohe Kartoffeln
Muskatnuss
Butter

Zubereitungszeit

50 Minuten
(plus Garzeit,
plus Zeit zum Quellen)

Pro Portion

ca. 608 kcal/2552 kJ
41 g E · 19 g F · 67 g KH

1 Für die Brühe in einen großen Topf etwa 2 l Wasser füllen. Die Knochen waschen, hinzugeben, salzen und alles zum Kochen bringen. Das Gemüse putzen, grob zerkleinern und zugeben.

2 1 Zwiebel schälen, halbieren und die Schnittfläche in einer Pfanne ohne Fett goldbraun rösten. Die gerösteten Zwiebelhälften und das Fleisch zu den Knochen in den Topf geben. Die Brühe etwa 2 Stunden köcheln lassen.

3 In der Zwischenzeit für die Spätzle aus Mehl, Eiern, 100 ml Wasser und etwas Salz einen Spätzleteig zubereiten. Den Teig 30 Minuten quellen lassen. Die Spätzle portionsweise in Salzwasser schaben, garen und herausnehmen.

4 Die Kartoffeln schälen, waschen und klein schneiden. Das Fleisch aus der Brühe nehmen, in Stücke schneiden und warm halten. Die Brühe durchsieben und die Kartoffeln in der Brühe weich kochen lassen.

5 Die restliche Zwiebel schälen, klein würfeln und in der Butter anrösten. Wenn die Kartoffeln gar sind, die Spätzle, das Fleisch und klein gehackte Zwiebeln in die Brühe geben und alles mit Pfeffer, Salz und frisch geriebener Muskatnuss abschmecken. Dazu passt ein gut gekühltes Bier.

Geriebener Kartoffelsalat

Zutaten für 4 Personen

1 kg Salatkartoffeln
Salz
frisch gemahlener Pfeffer
1 Zwiebel
3 El Essig
3 El heiße Fleischbrühe
3 El Öl
2 hart gekochte Eier
1 El gehackter Schnittlauch

Zubereitungszeit

20 Minuten
(plus Kochzeit,
plus Zeit zum Durchziehen)

Pro Portion

ca. 236 kcal/990 kJ
9 g E · 4 g F · 38 g KH

1 Am Vortag die Kartoffeln waschen, garen, abgießen, abschrecken und pellen. Am nächsten Tag Kartoffeln auf einem Reibeisen fein reiben und kräftig salzen und pfeffern.

2 Die Zwiebel schälen, fein reiben und mit dem Essig und der heißen Fleischbrühe vermischen. Über die Kartoffeln geben, alles gründlich miteinander vermischen und pikant abschmecken. Anschließend das Öl zugießen und unterheben. Den Salat etwa 1 Stunde durchziehen lassen.

3 Vor dem Servieren die hart gekochten Eier schälen, das Eigelb vom Eiweiß trennen und beides getrennt klein hacken. Den Salat vor dem Servieren mit dem Schnittlauch und dem gehackten Ei bestreuen.

Zum schwäbischen Schweinebraten mit Spätzle wird auch Kartoffelsalat gegessen. Wenn man etwas vom warmen Spätzlewasser über die Kartoffeln gießt, wird der Kartoffelsalat noch glänzender. Er ist auch ein beliebtes Samstags- oder Heilig-Abend-Essen, das man mit einer Saitenwurst isst.

Schwäbische Krapfen

Zutaten für 4 Personen

250 g Mehl
4 Eier
1 Prise Salz
1 Zwiebel
2 Stangen Lauch
4 Brötchen
4 El Butter
1 Bund Schnittlauch
1 Bund Petersilie
Salz
frisch gemahlener Pfeffer
1 Prise Muskat
2 Eigelb
Fleischbrühe zum Servieren

Zubereitungszeit

45 Minuten
(plus Ruhezeit)

Pro Portion

ca. 749 kcal/3138 kJ
32 g E · 31 g F · 77 g KH

1 Das Mehl mit 2 Eiern und 1/2 Tasse warmem Wasser zu einem Teig verarbeiten. Leicht salzen, Teig in ein Tuch schlagen und 1 Stunde ruhen lassen. Zwiebeln und Lauch putzen, waschen und in feine Streifen schneiden.

2 Brötchen würfeln und in 2 El Butter goldgelb rösten. Lauch und Zwiebeln im restlichen Fett glasig schwitzen. Kräuter waschen, trocken schütteln, klein schneiden und zum Gemüse geben. Mit Salz, Pfeffer und Muskat würzen. 2 Eier verquirlen, dazugeben, stocken lassen und dann gut durcharbeiten.

3 Den Teig auf einer bemehlten Fläche hauchdünn ausrollen. Quadrate mit einer Kantenlänge von ca. 10 cm ausschneiden, in die Mitte je etwas Masse geben, die Ränder mit Eigelb bestreichen und zusammenklappen.

4 Die Krapfen in kochendes Salzwasser geben und 5 Minuten ziehen lassen. In Fleischbrühe mit Petersilie bestreut servieren.

Tellersülze

Zutaten für 4 Personen

500 g mageres Schweinefleisch
1 kg Schweinsknochen
1 Schweinszunge
2 Kalbsfüße
6 Pfefferkörner
2 Lorbeerblätter
2 Nelken
Salz
Essig
2 hart gekochte Eier
2 Essiggurken

Zubereitungszeit

20 Minuten
(plus Koch- und Kühlzeit)

Pro Portion

ca. 425 kcal/1785 kJ
49 g E · 26 g F · 1 g KH

1 Das Fleisch, die Knochen, die Zunge und die Kalbsfüße waschen, abtrocknen und mit Wasser, Pfefferkörnern, Lorbeerblättern, Nelken und Salz gar kochen, Essig nach Geschmack dazugeben. Sobald das Fleisch weich ist, Suppe durchsieben.

2 Brühe zurück in den Topf geben und einkochen lassen. Die Brühe kalt stellen. Das Fett abnehmen und die Brühe wieder erwärmen. Das Fleisch klein schneiden und auf 4 Suppentellern verteilen.

3 Inzwischen die hart gekochten Eier schälen, in Scheiben schneiden, die Gurken klein würfeln. Eischeiben und Gurkenwürfel auf dem Fleisch verteilen. Die heiße Suppe abschmecken, durch ein Tuch seihen und über das Fleisch geben. Alles erkalten lassen und mit kräftigem Brot oder Kratzete servieren.

Die schwäbische Tellersülze (Dellersulz) mundet besonders in der warmen Jahreszeit. Dazu passen ein paar knusprige Bratkartoffeln.

Gesulztes Ochsenmaul

1 Den Ochsenfuß entbeinen und mit dem Ochsenmaul in feine Streifen schneiden. Das Fleisch mit so viel kräftiger Fleischbrühe aufgießen, dass es bedeckt ist.

2 Die Zitronenschale, die Pfefferkörner und etwas Salz hinzugeben und alles 2 Stunden kochen lassen. Zungenaufschnitt in feine Streifen schneiden, zum Fleisch geben. Alles etwa 15 Minuten kochen lassen. Fleisch herausnehmen und in mit kaltem Wasser ausgespülte Förmchen füllen.

3 Die Brühe durchseihen, abschmecken und über das Fleisch gießen. Die Formen zum Festwerden in den Kühlschrank stellen. Zum Anrichten die Formen kurz in heißes Wasser tauchen und stürzen. Mit Gurken und Brot als Vesper servieren.

Zutaten für 4 Personen

1 gegartes Ochsenmaul
1 gegarter Ochsenfuß
etwas kräftige Fleischbrühe
abgeriebene Schale von
1 unbehandelten Zitrone
3 weiße Pfefferkörner
Salz
300 g leicht geräucherter
Zungenaufschnitt

Zubereitungszeit

25 Minuten
(plus Koch- und Kühlzeit)

Pro Portion

ca. 250 kcal/1050 kJ
28 g E · 15 g F · 2 g KH

Beekenohfe

Zutaten für 4 Personen

500 g Schweineschulter
300 g Hammelschulter
1–2 El Schweineschmalz
5 Zwiebeln
12–15 Kartoffeln
Pfeffer, Salz
40 g Butter
250 ml trockener Weißwein
etwas Petersilie und
Majoran zum Garnieren

Zubereitungszeit

40 Minuten
(plus Backzeit)

Pro Portion

ca. 430 kcal/1806 kJ
50 g E · 17 g F · 19 g KH

1 Das Fleisch von den Knochen lösen und grob würfeln. Eine feuerfeste Form mit dem Schmalz dick einfetten. Die Zwiebeln und die Kartoffeln schälen. Kartoffeln waschen und in Scheiben schneiden. Zwiebeln ebenfalls in Scheiben schneiden.

2 Die Form mit einer Schicht Zwiebelringe auslegen. Darüber eine dicke Lage Kartoffelscheiben schichten. Alles mit Pfeffer und Salz würzen und das Fleisch mit den Knochen darauf schichten.

3 Erneut je eine Schicht Zwiebeln und Kartoffeln darauf legen und salzen und pfeffern. Die Butter in Flöckchen verteilen und den Wein darübergießen.

4 Den Backofen auf 225 °C vorheizen und die Form bei 220 °C etwa 1 1/2–2 Stunden garen.

5 Die Kräuter waschen, trocken schütteln und fein hacken. Den Eintopf vor dem Servieren einmal durchrühren, die Knochen dabei entfernen. Alles mit den Kräutern bestreut servieren. Dazu passt Blattsalat.

Wurstsalat

Zutaten für 4 Personen

3 Brühwürste
2 Blutwürste
(schwarze Wurst)
275 g Schweizer Käse
3 Zwiebeln
4 El Öl
4 El Essig
1 Tl Senf
Salz, Pfeffer

Zubereitungszeit

15 Minuten
(plus Zeit zum Ziehen)

Pro Portion

ca. 328 kcal/1376 kJ
22 g E · 26 g F · 2 g KH

1 Die Brühwürste und die Blutwürste häuten, anschließend in feine Scheiben schneiden und in eine Schüssel geben. Den Käse in feine Streifen schneiden und unter die Wurstmischung geben.

2 Die Zwiebeln schälen, in sehr feine Ringe schneiden oder fein würfeln und ebenfalls zu den Zutaten in die Schüssel geben. Das Öl mit dem Essig und dem Senf zu einer dicklichen Salatsauce schlagen, salzen und pfeffern und pikant abschmecken.

3 Die Sauce zu den Salatzutaten hinzufügen, sorgfältig damit vermischen und über Nacht durchziehen lassen. Am nächsten Tag den Salat durchrühren und abschmecken.

Die Kombination aus Brüh- und Blutwurst ergibt einen feinen schwäbischen Wurstsalat. Zusammen mit Käse und Zwiebeln bildet er einen Hochgenuss. An heißen Tagen passt ein helles Hefeweizen oder ein kühler Weißherbst dazu.

Jägersuppe

Zutaten für 4 Personen

1 El Mehl
2 El Butterschmalz
2 Zwiebeln
2 El Weinessig
125 ml kräftiger Rotwein
500 ml Fleisch- oder Gemüsebrühe
1–2 El Tomatenmark
3 Wacholderbeeren
Thymian
Rosmarin
Nelken
5 Pfefferkörner
1 Lorbeerblatt
Pfeffer
Majoran
500 g Innereien von Reh, Hirsch oder Wildschwein (Herz, Zunge oder Lunge)
Salz
300 g Champignons
Wacholderschnaps

Zubereitungszeit

50 Minuten (plus Garzeit)

Pro Portion

ca. 320 kcal/1344 kJ
25 g E · 19 g F · 9 g KH

1 Das Mehl in 1 El heißem Butterschmalz kräftig bräunen. Die Zwiebeln schälen, klein würfeln und mitdünsten lassen. Essig und Rotwein unter Rühren zugießen.

2 Die Brühe ebenfalls hinzufügen und alles durchkochen lassen. Das Tomatenmark mit allen Kräutern und Gewürzen zugeben. Die Innereien waschen, abtrocknen und in feine Streifen schneiden. In etwas Butterschmalz anbraten, salzen und pfeffern und zur Suppe geben. Die Suppe so lange weiterköcheln lassen, bis das Fleisch gar ist.

3 Die Champignons putzen, sauber bürsten, in Streifen schneiden, und in die Suppe geben. Alles mit etwas Wacholderschnaps abschmecken.

Zwiebelkuchen

Zutaten für 4 Personen

20 g Hefe
150 ml lauwarme Milch
1 Prise Zucker
250 g Mehl
5 Eier
80 g Butter
1 Prise Salz
800 g Zwiebeln
2 El Butter
300 g saure Sahne
1 Tl Kümmel
Salz
1 Tl Butterschmalz
125 g gewürfelter Bauchspeck

Zubereitungszeit

30 Minuten
(plus Zeit zum Gehen, plus Backzeit)

Pro Portion

ca. 690 kcal/2898 kJ
28 g E · 38 g F · 59 g KH

1 Die Hefe mit der lauwarmen Milch und dem Zucker verrühren. Das Mehl in eine Schüssel geben, 1 Ei, die Butter und das Salz hinzufügen und alles mit der Hefe-Milch verkneten.

2 Den Teig so lange kneten, bis er sich vom Schüsselrand löst. Den Teig zugedeckt etwa 50 Minuten gehen lassen. Inzwischen für die Füllung die Zwiebeln schälen, in feine Scheiben schneiden und in der Butter glasig dünsten. Die Zwiebeln sollen dabei aber nicht bräunen. Herausnehmen und kalt werden lassen.

3 Den Backofen auf 250 °C vorheizen. Die kalten Zwiebeln mit saurer Sahne, 4 Eiern, 4 El Mehl, Kümmel und etwas Salz verrühren. Den Speck in ein wenig Schmalz knusprig ausbacken.

4 Den Hefeteig einmal durchkneten und auf einer mit etwas Mehl bestäubten Fläche dünn ausrollen. Eine gefettete Springform mit dem Teig auslegen, den Rand leicht hochdrücken.

5 Die Zwiebelmasse gleichmäßig auf dem Teig verteilen. Die Speckwürfel darüberstreuen. Den Kuchen im vorgeheizten Backofen bei 225 °C etwa 50–60 Minuten backen. Den fertigen Zwiebelkuchen ofenfrisch mit einem Glas Weißwein servieren.

Mehlspeisen

Leberspätzle

Zutaten für 4 Personen

250 g Kalbsleber
2 Schalotten
50 g Butter
1/2 Bund Petersilie
3 Eier
150 g Semmelmehl
Salz
weißer Pfeffer
1 Tl getrockneter Majoran
1 Tl abgeriebene Zitronenschale

Zubereitungszeit

35 Minuten
(plus Ruhezeit)

Pro Portion

ca. 385 kcal/1617 kJ
23 g E · 19 g F · 31 g KH

1 Die Leber putzen, waschen und abtrocknen und im Mixer fein pürieren. Die Schalotten schälen, fein würfeln und in der Butter glasig dünsten.

2 Die Petersilie waschen, trocken schütteln und klein hacken. Die Eier verquirlen und mit Schalotten, Leber und Semmelmehl vermischen. Salz, Pfeffer, Majoran, Zitronenschale dazugeben und pikant abschmekken. Den Teig etwa 20 Minuten ruhen lassen.

3 Inzwischen 1,5 l Salzwasser zum Kochen bringen und den Teig portionsweise mit einem Spätzlesieb in das kochende Wasser drücken. Die Spätzle etwa 5 Minuten garen lassen. Spätzle herausnehmen und abtropfen lassen.

4 Die Leberspätzle mit gerösteten Zwiebeln, brauner Butter und Sauerkraut servieren.

Buabaspitzla

Zutaten für 4 Personen

1 kg gekochte festkochende Kartoffeln (vom Vortag)
ca. 300 g Mehl
2 Eier
Salz
2 Zwiebeln
1 El Butterschmalz
500 g Sauerkraut

Zubereitungszeit

45 Minuten
(plus Zeit zum Trocknen)

Pro Portion

ca. 530 kcal/2226 kJ
19 g E · 7 g F · 94 g KH

1 Die Kartoffeln schälen und durch die Kartoffelpresse drücken. Mit dem Mehl, den Eiern und etwas Salz zu einem Teig verkneten. Eventuell noch etwas Mehl darunterkneten. Aus dem Teig fingerlange spitz zulaufende Nudeln formen und auf ein bemehltes Brett legen.

2 In einem Topf Salzwasser zum Kochen bringen. Die Schupfnudeln ins kochende Wasser geben, garen lassen. Wenn sie an der Oberfläche schwimmen, sind sie gar. Herausnehmen und antrocknen lassen.

3 Inzwischen die Zwiebeln schälen und klein schneiden. In einer Pfanne in etwas Butterschmalz goldbraun bräunen. Die Schupfnudeln dazugeben, goldbraun braten. Das Sauerkraut zufügen, mit den Schupfnudeln vermengen und heiß werden lassen.

Schwäbische Mehlsäck

Zutaten für 4 Personen

300 g Mehl
3 Eier
Salz
2 Schalotten
1 Apfel
100 g geräucherter durchwachsener Bauchspeck
120 g Schweineschmalz
600 g Sauerkraut
Pfeffer
2 El zerlassene Butter
ca. 400 ml Fleischbrühe
Mehl zum Ausrollen

Zubereitungszeit

25 Minuten
(plus Ruhe- und Backzeit)

Pro Portion

ca. 720 kcal/3024 kJ
22 g E · 43 g F · 61 g KH

1 Aus Mehl, Eiern und Salz einen Nudelteig kneten, 1 Stunde ruhen lassen. Den Backofen auf 150 °C vorheizen. Inzwischen die Schalotten und den Apfel schälen.

2 Schalotten klein hacken, Apfel vierteln, entkernen und würfeln. Den Speck ebenfalls klein würfeln. Die Hälfte der Schalotten mit Apfel und Speck in 2/3 des Schmalzes glasig dünsten.

3 Sauerkraut etwas zerkleinern und mitdünsten. Salzen, pfeffern und abkühlen lassen. Den Nudelteig dünn ausrollen und das Sauerkraut darauf verteilen.

4 Den Nudelfladen aufrollen und in etwa 5 cm dicke Scheiben schneiden. In einer feuerfesten Auflaufform das restliche Schmalz zerlassen und restliche Schalottenwürfel darin andünsten.

5 Die Mehlsäck in die Form hineinsetzen, ohne dass sie sich berühren und mit der Butter bestreichen. Im vorgeheizten Backofen bei 150 °C etwa 25 Minuten backen. 15 Minuten vor Backzeitende die Brühe hinzugießen.

Schwäbische Klöß

1 Die Kartoffeln schälen und in kaltes Wasser hineinreiben, beiseite stellen. Die gekochten Kartoffeln ebenfalls reiben. Die Milch mit dem Salz zum Kochen bringen, den Grieß unter Rühren hineinstreuen und 10 Minuten garen lassen, etwas abkühlen lassen.

2 Die rohen Kartoffeln kräftig ausdrücken, anschließend mit einer Gabel auflockern. Die rohen und die gekochten Kartoffeln mit dem Grießbrei, 1 El Petersilie und etwas Muskat vermengen. Mit nassen Händen daraus etwa 8 Klöße formen.

3 Die Klöße in kochendem Salzwasser etwa 10–15 Minuten gar ziehen lassen. Die Zwiebel schälen und in Ringe schneiden. Zwiebeln in der Butter bräunen, restliche Petersilie darunterrühren. Die abgetropften Klöße anrichten und die Zwiebel-Petersilien-Mischung darüber verteilen.

Zutaten für 4 Personen

750 g rohe Kartoffeln
100 g gekochte Kartoffeln
125 ml Milch
1 El Salz
30 g Grieß
2 El gehackte Petersilie
Muskat
1 Zwiebel
2 El Butter

Zubereitungszeit

30 Minuten
(plus Garzeit)

Pro Portion

ca. 239 kcal/1004 kJ
6 g E · 6 g F · 39 g KH

Feine Hechtmaultaschen

Zutaten für 4 Personen

200 g Mehl
Salz
3 Eigelb
200 g Blattspinat
400 g Hechtfleisch
200 g Sahne
300 g Crème fraîche
4 Eiweiß
1 Msp. Sardellenpaste
Pfeffer
Mehl zum Ausrollen
1 Möhre
1 Porreestange
1 Selleriestück
3 El Weißwein
250 ml Fischfond
Saft von 1/2 Zitrone
100 g Butter
1 El gehackte Petersilie

Zubereitungszeit

60 Minuten
(plus Zeit zum Ruhen)

Pro Portion

ca. 768 kcal/3224 kJ
37 g E · 49 g F · 44 g KH

1 Das Mehl mit 1/2 Tl Salz und 2 Eigelb verkneten, 30 Minuten ruhen lassen. Den Spinat putzen, waschen und 1 Minute blanchieren. Abtropfen lassen, fest ausdrücken.

2 Die Hälfte des Spinats und den gewaschenen und abgetrockneten Fisch mit der Sahne, 2/3 der Crème fraîche, dem Eiweiß und der Sardellenpaste mixen. Salzen, pfeffern und 30 Minuten kalt stellen.

3 Den Teig zu einem 16 cm breiten Streifen ausrollen. Mit dem restlichen Eigelb bestreichen, Spinat darauf verteilen. Die Füllung auf die obere Teighälfte streichen, die untere darüber schlagen. Den Teig mit dem Teigrad in Vierecke schneiden, zugedeckt 30 Minuten ruhen lassen.

4 Das Gemüse putzen, waschen und feinstreifig schneiden. Die restliche Crème fraîche mit dem Wein, Fischfond, Zitronensaft und Gemüse aufkochen, salzen und pfeffern und 10 Minuten köcheln lassen. Maul-taschen 10 Minuten darin ziehen lassen. Herausnehmen und warm halten.

5 Sud auf die Hälfte einkochen. Die eiskalte Butter darunterschlagen. Maultaschen zugeben und alles mit Petersilie bestreuen.

Die schwäbische Maultasche wird auch "Herrgottsbscheisserle" genannt, da an den fleischlosen Fastentagen das verbotene Fleisch kleingehackt den anderen Zutaten beigemischt und in die Nudelhülle gesteckt wurde. Somit war das Fleisch vor den Augen des lieben Gottes versteckt.

Kässpätzle

Zutaten für 4 Personen

- 500 g Mehl
- 6–8 Eier
- 1 Tl Salz
- 1 Tl Speiseöl
- 1/2 Tl frisch geriebene Muskatnuss
- 125–150 ml Wasser
- 125 g Allgäuer Emmentaler
- 125 g Alpkäse oder Bergkäse
- 500 g Zwiebeln
- 100 g Butterschmalz

Zubereitungszeit

45 Minuten
(plus Ruhezeit)

Pro Portion

ca. 873 kcal/3665 kJ
38 g E · 37 g F · 96 g KH

1 Das Mehl mit den Eiern, Salz, Öl, Muskat und Wasser zu einem weichen Teig schlagen, 30 Minuten ruhen lassen. Inzwischen beide Käsesorten grob raffeln und vermischen. Die Zwiebeln schälen und in feine Ringe schneiden.

2 In einem großen Topf Wasser zum Kochen bringen, die Spätzle portionsweise hineinschaben und garen. Wenn die Spätzle an der Oberfläche schwimmen, sind sie gar. Herausnehmen, abtropfen lassen und in eine gebutterte Auflaufform geben. Mit einer Schicht geriebenem Käse bedecken und zugedeckt warm halten.

3 Mit dem weiteren Spätzleteig und Käse ebenso verfahren. Warm halten. Das Butterschmalz erhitzen und die Zwiebelringe darin braten, die Spätzle damit bestreuen und sofort servieren.

Hefeknöpfle

Knöpfle werden als Spezialität angesehenen und sind eng mit den Spätzle verwandt. Beide werden aus dem gleichen Teig hergestellt (wobei für die Knöpfle der Teig etwas flüssiger sein sollte) und wurden früher mit dem Löffel oder der Hand geformt und ins heiße Wasser gelegt. Im Gegensatz zu den länglichen Spätzle, sind Knöpfle aber kurz und rund.

1 Die Hefe mit der lauwarmen Milch und dem Zucker verrühren. Das Mehl in eine Schüssel geben, das Ei, 60 g Butter und das Salz hinzufügen und alles mit der Hefe-Milch verkneten.

2 Den Teig so lange kneten, bis er sich vom Schüsselrand löst. Den Teig zugedeckt etwa 20 Minuten gehen lassen. Anschließend den Teig einmal durchkneten und daraus etwa 40 Knödel formen. Wasser in einem großen Topf zum Kochen bringen, salzen und die Knödel darin etwa 20 Minuten gar ziehen lassen.

3 Inzwischen die Semmelbrösel in heißer Butter bräunen. Die Knödel herausnehmen, abtropfen lassen und in der gebräunten Butter wälzen. Am besten zu Rostbraten servieren.

Zutaten für 4 Personen

40 g Hefe
250 ml lauwarme Milch
1 Prise Zucker
500 g Mehl
1 Ei
80 g Butter
1 Prise Salz
2 El Semmelbrösel

Zubereitungszeit

45 Minuten
(plus Zeit zum Gehen)

Pro Portion

ca. 650 kcal/2730 kJ
18 g E · 22 g F · 94 g KH

Kratzete

Zutaten für 4 Personen

3 Eier
500 ml Milch
1 Prise Salz
250 g Mehl
Butterschmalz zum Braten

Zubereitungszeit

20 Minuten
(plus Ruhezeit)

Pro Portion

ca. 360 kcal/1512 kJ
16 g E · 10 g F · 51 g KH

1 Die Eier mit der Milch, dem Salz und dem Mehl glatt verrühren. Den Teig 10 Minuten beiseite stellen und quellen lassen. Etwas Butterschmalz in einer Pfanne erhitzen.

2 Den Teig portionsweise wie beim Pfannkuchenbacken in die Pfanne gießen, aber mit 2 Gabeln in kleine Stücke zerreißen. Das Kratzete auf einem Teller anrichten und zu frischem Stangenspargel servieren.

3 Je nach Belieben kann man auch geröstete Zwiebeln und gebratene Bauchspeckwürfel auf die Kratzete streuen. Oder die Kratzete dick mit Puderzucker bestäuben und zu Heidelbeerkompott und Vanilleeis servieren.

Eierhaber

1 Das Mehl mit Salz und der geriebenen Muskatnuss mischen, anschließend mit der Milch glatt verrühren. Die Eier trennen, das Eigelb unterrühren. Das Eiweiß zu steifem Schnee schlagen und unter den Teig heben.

2 Etwas Butter in einer Pfanne erhitzen. Den Teig portionsweise mit einer Kelle ins heiße Fett geben. Die kleinen Eierkuchen auf beiden Seiten goldbraun braten. Anschließend mit einer Gabel zerreißen, die Eierkuchenstückchen leicht braun braten. Herausnehmen und warm stellen, bis der ganze Teig auf diese Weise verarbeitet ist.

3 Die Schwaben essen Eierhaber meist mit herzhaften pikanten Beilagen wie Sülze und Salat, doch Eierhaber kann auch mit Zucker und Zimt serviert werden.

Zutaten für 4 Personen

250 g Mehl
Salz
frisch geriebene Mukatnuss
350 ml Milch
4 Eier
Butter zum Braten

Zubereitungszeit

25 Minuten
(plus Bratzeit)

Pro Portion

ca. 360 kcal/1512 kJ
17 g E · 10 g F · 49 g KH

Fleisch und Geflügel

Gefüllte Mistkratzerle

Zutaten für 4 Personen

2 kleine Brathähnchen
(je 800 g)
Salz, Pfeffer
1 Ei
175 g Magerquark
200 g saure Sahne
150 g Weißbrot
4 El gehackte Kräuter
(z.B. Petersilie, Kerbel, Schnittlauch)
80 g Butter
1 Bund Suppengrün
250 ml trockener Weißwein
1 Zwiebel
4 Pfefferkörner
Küchengarn

Zubereitungszeit

20 Minuten
(plus Bratzeit)

Pro Portion

ca. 783 kcal/3287 kJ
63 g E · 48 g F · 23 g KH

1 Die Hähnchen waschen, abtrocknen und längs halbieren. Hälften so entbeinen, dass das Fleisch zusammenbleibt, salzen und pfeffern. Den Backofen auf 200 °C vorheizen.

2 Das Ei trennen. Den Quark auspressen und mit der sauren Sahne (1 El Sahne beiseite stellen) und dem Eigelb verrühren. Das Eiweiß steif schlagen, das Brot klein würfeln.

3 Die Kräuter, das Brot und den Eischnee darunterheben, salzen und pfeffern. Hähnchenhälften damit bestreichen, passende Hälften zusammenlegen und festbinden. Die Hähnchen in der Hälfte der Butter anbraten. Anschließend im Backofen bei 180 °C etwa 45 Minuten braten, ab und zu mit dem Bratfett bestreichen.

4 Die Knochen zerkleinern, waschen und in restlicher Butter anrösten. Den Wein und 125 ml Wasser dazugeben, salzen. Das Suppengrün putzen, waschen und würfeln. Die Zwiebel schälen und mit dem Suppengrün und den Pfefferkörnern dazugeben.

5 Alles 30 Minuten köcheln, Brühe durchsieben, aufkochen und mit der restlichen sauren Sahne verfeinern.

Gedünstete Kalbsrahmvögerl

Zutaten für 4 Personen

1,2 kg Kalbsvögerl
(aus der Keule)
Salz
Mehl
4 El Öl
100 ml Brühe
150 ml saure Sahne
etwas geriebene
Zitronenschale
etwas Zitronensaft

Zubereitungszeit

15 Minuten
(plus Brat- und Garzeit)

Pro Portion

ca. 415 kcal/1743 kJ
60 g E · 18 g F · 3 g KH

1 Das Fleisch entlang der Muskelstränge in Scheiben schneiden, die Deckhäute nicht abziehen. Die Fleischscheiben salzen und in Mehl wälzen. Das Öl erhitzen, das Fleisch darin auf allen Seiten anbraten. Die Brühe zugießen, alles leicht salzen und zugedeckt etwa 20 Minuten dünsten.

2 Den Backofen auf 120 °C vorheizen. Die saure Sahne mit etwas Mehl verrühren. Das gare Fleisch aus dem Saft nehmen. Sahne hineinrühren, Zitronenschale dazugeben und aufkochen lassen.

3 Anschließend die Sauce passieren und mit Zitronensaft pikant abschmecken. Das Fleisch in die Sauce hineinlegen und im Backofen etwa 1 1/2 Stunden schmoren lassen. Dazu schmecken in Butter gebräunte Fingernudeln und ein frischer Blattsalat.

Gebeizter Kalbsschlegel in Rahmsauce

Zutaten für 4 Personen

750 ml Rotwein
250 ml Rotweinessig
5 El Sauerbratengewürz
150 g grob gewürfelte Zwiebeln
1,2 kg Kalbfleisch aus der Keule
Salz, Pfeffer
Butterschmalz zum Anbraten
1 Möhre
80 g Sellerie
80 g Porree
250 ml Sahne
40 g Mehl
1–2 El Preiselbeerkompott

Zubereitungszeit

20 Minuten
(plus Marinier- und Bratzeit)

Pro Portion

ca. 390 kcal/1638 kJ
5 g E · 19 g F · 19 g KH

1 500 ml Rotwein mit Essig, Sauerbratengewürz, Zwiebel und 1 1/2 l Wasser aufkochen, abkühlen lassen. Das Fleisch darin 1–2 Tage im Kühlschrank beizen. Fleisch herausnehmen, abtrocknen, mit Salz und Pfeffer einreiben und in heißem Butterschmalz anbraten.

2 Restlichen Rotwein hinzugießen. Das Gemüse putzen, waschen und klein schneiden, hinzufügen. Alles 10 Minuten schmoren lassen. Die Beize hinzugießen und zugedeckt etwa 1 1/2 Stunden schmoren lassen.

3 Fleisch herausnehmen, warm halten. Fond auf etwa 1 l auffüllen und mit dem in Sahne verrührten Mehl binden. Sauce durchsieben und nach Geschmack mit Preiselbeerkompott abschmecken. Das Fleisch mit der Sauce zu Knödeln servieren.

Kalbsbriesle

Zutaten für 4 Personen

600 g Kalbsbries
1 Bund Suppengrün
2 Zwiebeln
Salz
2 Lorbeerblätter
100 g Butter

Zubereitungszeit

30 Minuten
(plus Zeit zum Wässern)

Pro Portion

ca. 175 kcal/736 kJ
13 g E · 10 g F · 8 g KH

1 Das Kalbsbries 2 Stunden in kaltem Wasser wässern, anschließend die Haut entfernen. Das Suppengrün putzen, waschen und grob zerkleinern. Die Zwiebeln schälen und halbieren. In einem Topf Wasser mit Salz, Suppengrün, Zwiebeln und Lorbeerblättern zum Kochen bringen.

2 Das vorbereitete Bries hineinlegen und etwa 10 Minuten darin gar ziehen, aber nicht kochen lassen. Anschließend das Bries aus der Brühe herausnehmen, gut abtropfen lassen und auf einer vorgewärmten Platte anrichten.

3 Die Butter bräunen. Kalbsbriesle damit begießen und mit geriebenem Kartoffelsalat und grünem Salat servieren.

Saure Kutteln

Wenn man sich die Arbeit des Säuberns und des stundenlangen Garens in Essig-Salzwasser ersparen möchte, kann man in Schwaben Kutteln fertig gekocht beim Metzger kaufen. Zu Hause schneidet man die Kutteln in feine Streifen und brät sie scharf an.

1 Die gut weich gekochten Kutteln abtropfen lassen und in feine, etwa fingerlange Streifen schneiden. Die Zwiebel schälen und in feine Ringe schneiden.

2 Die Butter erhitzen und die Zwiebel darin anbraten. Die Kuttelstreifen dazugeben und unter Rühren etwa 15 Minuten mitbraten lassen. Das Mehl darüber stäuben und leicht anbräunen. Die Fleischbrühe, die Nelken und die Zitronenschale hinzufügen und alles zugedeckt mindestens 30 Minuten köcheln lassen.

3 Je länger die Kutteln im geschlossenen Topf schmoren, umso delikater wird der Geschmack. Anschließend mit Salz und Pfeffer würzen, den Wein und den Essig darunterrühren und alles sehr pikant abschmecken. Kutteln mit Hefeklößen oder Bratkartoffeln und Salat servieren.

Zutaten für 4 Personen

1 kg gekochte Kutteln
1 Zwiebel
40 g Butter
2 El Mehl
ca. 1 l Fleischbrühe
2 Nelken
abgeriebene Schale einer 1/2 Zitrone
Salz, Pfeffer
150 ml trockener Weißwein
1 El Weinessig

Zubereitungszeit

10 Minuten (plus Garzeit)

Pro Portion

ca. 465 kcal/1953 kJ
51 g E · 25 g F · 5 g KH

Schweinebrust mit Laugenbrezelfüllung

Zutaten für 4 Personen

3 schwäbische Laugenbrezeln
125 ml lauwarme Milch
2 Schalotten
150 g frische Steinpilze
1/2 Bund Petersilie
1 Ei
Salz, Pfeffer
frisch geriebene Muskatnuss
ca. 1 kg Brustspitze vom Schwein mit Tasche, (vom Metzger vorbereitet)
Butterschmalz zum Braten
1 Zwiebel
1 Möhre
500 ml Fleischbrühe
Küchenzwirn

Zubereitungszeit

30 Minuten
(plus Bratzeit)

Pro Portion

ca. 578 kcal/2426 kJ
59 g E · 25 g F · 30 g KH

1 Die Brezeln in Scheiben schneiden und in der Milch 10 Minuten einweichen. Den Backofen auf 160 °C vorheizen. Die Schalotten schälen und klein würfeln. Die Steinpilze säubern und klein schneiden.

2 Die Petersilie waschen, trocken schütteln und klein hacken. Schalotten und Pilze mit der Petersilie, dem Ei und der Brezelmasse vermengen. Mit Salz, Pfeffer und Muskat würzen.

3 Das Fleisch damit füllen, mit Küchenzwirn zunähen. Anschließend salzen und pfeffern.

4 Fleisch in etwas Butterschmalz anbraten. Die Zwiebel und die Möhre schälen, würfeln und 5 Minuten mitbraten. Die Hälfte der Brühe hinzugießen und die Brust im Backofen etwa 1 1/2 Stunden schmoren.

5 Ab und zu mit der restlichen Brühe begießen und wenden. Herausnehmen und 10 Minuten ruhen lassen. Bratenfond pürieren, mit Salz und Pfeffer abschmecken. Das Fleisch in Scheiben schneiden und mit Hefeknöpfle servieren.

Der Ursprung der Laugenbrezel lässt sich nicht genau bestimmen. Abbildungen aus dem 11. Jahrhundert zeigen aber, dass es sie damals schon in der uns heute bekannten Form gab.

Eingemachtes Kalbfleisch

Zutaten für 4 Personen

1 Bund Suppengrün
2 Zwiebeln
2 Gewürznelken
2 Lorbeerblätter
3 Pfefferkörner
Salz
1 El Weinessig
1 kg Kalbfleisch
2 El Butter
1 El Mehl
125 ml Weißwein
125 ml Sahne
Pfeffer
Muskat
Zitronensaft
1 Eigelb

Zubereitungszeit

30 Minuten
(plus Kochzeit)

Pro Portion

ca. 498 kcal/2090 kJ
51 g E · 29 g F · 4 g KH

1 Das Suppengrün putzen, waschen und würfeln. Die Zwiebeln schälen und mit den Nelken spicken. Mit Lorbeerblättern, Pfefferkörnern, 1 Tl Salz, Essig und 2 l Wasser aufkochen.

2 Das Kalbfleisch würfeln. In den kochenden Sud geben und etwa 40 Minuten ziehen lassen. Brühe durchsieben und den Sud auffangen. Die Butter zerlassen, das Mehl anschwitzen und mit dem Weißwein und 250 ml Kalbssud zu einer Sauce rühren, die Sahne hinzugießen.

3 Sauce etwa 10 Minuten köcheln lassen. Mit Salz, Pfeffer, Muskat und Zitronensaft würzen. Fleischwürfel hineingeben und erhitzen. Topf vom Herd nehmen und die Sauce mit dem Eigelb legieren. Dazu schmecken Nudeln und feines Gemüse.

Schwäbischer Rostbraten

Der Test einer schwäbischen Wirtschaft schlechthin ist der Rostbraten: Wenn er gut ausfällt, ist er unvergleichlich lecker – mit krossen Zwiebeln, würzigem Sauerkraut, goldgelben Spätzle und dunkler Sauce.

1 Das Fleisch leicht klopfen und den Rand mehrmals mit einem Messer einkerben. Anschließend die Scheiben mit der zerlassenen Butter bestreichen. Das Fleisch in etwas heißem Butterschmalz von beiden Seiten kräftig anbraten, pro Seite noch 3–4 Minuten weiterbraten.

2 Mit Salz und Pfeffer würzen, herausnehmen. Fleisch auf einer vorgewärmten Platte anrichten, warm halten. Den Bratenfond mit dem Rotwein aufkochen, etwas einkochen lassen, die Sahne darunterrühren und abschmecken.

3 Die Zwiebeln schälen, in feine Ringe schneiden und in heißem Butterschmalz kross braten, Rostbraten damit bestreuen. Den Rostbraten mit der Sauce, Sauerkraut und Spätzle servieren.

Zutaten für 4 Personen

4 Scheiben Rostbraten,
(je ca. 180–200 g)
2 El Butter
Butterschmalz zum Ausbacken
Salz
frisch gemahlener Pfeffer
75 ml Rotwein
4 El Sahne
5 Zwiebeln

Zubereitungszeit

15 Minuten
(plus Bratzeit)

Pro Portion

ca. 188 kcal/788 kJ
14 g E · 12 g F · 4 g KH

Schweinebraten auf Wildbretart

Zutaten für 4 Personen

1,2 kg Schweinebraten
Salz, Pfeffer
1–3 Knoblauchzehen
4 Wacholderbeeren
3 Tomaten
3 Möhren
Thymian
Majoran
Kerbel
750 ml Buttermilch
Mehl
Fett zum Braten
1 Zwiebel
ca. 200 ml Fleischbrühe
150 ml Schmand

Zubereitungszeit

20 Minuten
(plus Zeit zum Beizen,
plus Bratzeit)

Pro Portion

ca. 623 kcal/2615 kJ
62 g E · 36 g F · 12 g KH

1 Das Fleisch salzen und pfeffern. Den Knoblauch schälen und fein hacken. Die Wacholderbeeren zerdrücken, Fleisch mit Wacholderbeeren und Knoblauch einreiben. 1 Tomate waschen, den Stielansatz entfernen, das Fleisch grob zerteilen, 2 Möhren putzen, waschen und grob würfeln. Tomate und Möhren mit den Kräutern im Mixer zerkleinern.

2 Diese Mischung mit der Buttermilch verrühren und über das Fleisch gießen. Das Fleisch 3 Tage beizen lassen und täglich wenden. Anschließend herausnehmen, abtrocknen und mit etwas Mehl bestäuben. Fleisch in dem Fett rundherum anbraten. Die Zwiebel und die restliche Möhre schälen, würfeln und mitbraten. Die restlichen Tomaten waschen, ohne Stielansatz grob gewürfelt hinzugeben.

3 Die Brühe hinzugießen und das Fleisch etwa 1 1/2 Stunden gar schmoren lassen. Fleisch herausnehmen und den Fond mit etwas Mehl binden. Salzen und pfeffern, alles pürieren und mit dem Schmand verfeinern. Dazu schmecken Fingernudeln und Wildpilze.

Schwäbischer Schweinebraten

Zutaten für 4 Personen

1 Bund Suppengemüse
1,2 kg Schweinenacken
Salz
frischer Pfeffer
1 Tl Mehl

Zubereitungszeit

15 Minuten
(plus Bratzeit)

Pro Portion

ca. 493 kcal/2069 kJ
62 g E · 27 g F · 2 g KH

1 Den Backofen auf 220 °C vorheizen. Das Suppengemüse waschen, putzen und grob zerkleinern. Den Boden eines Bräters mit Wasser bedecken.

2 Das Fleisch und das Gemüse hineingeben, aufkochen und so lange weiterkochen, bis das Wasser verdampft und das Fleisch angebraten ist. Das Fleisch mit Salz und Pfeffer würzen. Etwa 250 ml kochendes Wasser angießen und den Braten offen im Backofen etwa 1–1 1/2 Stunden braten.

3 Braten anschließend im ausgeschalteten Backofen 10 Minuten ruhen lassen. Den Bratensatz mit etwas Wasser lösen und mit Mehl binden. Den schwäbischen Schweinebraten mit in Butter geschwenkten Spätzlen und geriebenem Kartoffelsalat servieren.

Hühnerleber-Pfanne mit Äpfeln und Zwiebeln

1 Die Hühnerleber putzen, waschen und abtrocknen, anschließend in die natürlichen Hälften teilen. Die Butter in einer Pfanne aufschäumen lassen und die Hühnerleber darin etwa 3 Minuten braun anbraten.

2 Hühnerleberstücke herausnehmen und zugedeckt beiseite stellen. Die Schalotten schälen, in feine Ringe schneiden und im restlichen Bratfett glasig dünsten. Die Äpfel waschen, abtrocknen, vierteln und entkernen.

3 Anschließend in dünne Spalten schneiden, in die Pfanne geben und etwa 3 Minuten mitdünsten. Den Calvados und Majoran hinzufügen, salzen und pfeffern. Hühnerleber dazugeben und alles zugedeckt etwa 5 Minuten ziehen lassen. Mit Kässpätzle und frischem Spargel servieren.

Zutaten für 4 Personen

750 g Hühnerleber
4 El Butter
2 Schalotten
2 Herbstäpfel (z.B. Boskop)
50 ml Calvados
1–2 Tl Majoran
Salz, Pfeffer

Zubereitungszeit

10 Minuten
(plus Bratzeit)

Pro Portion

ca. 413 kcal/1733 kJ
37 g E · 18 g F · 18 g KH

Kalbsbrust mit Leber-Schinken-Füllung

Zutaten für 4 Personen

1 Brötchen
250 ml Milch
150 g Kalbsleber
1 Zwiebel
150 g Champignons
aus der Dose
100 g Kochschinken
1 Ei
1 Bund Petersilie
Salz
weißer Pfeffer
1 kg Kalbsbrust
ohne Knochen
50 g Butter
125 ml heiße Fleischbrühe
150 ml Weißwein
100 ml Sahne

Zubereitungszeit

40 Minuten
(plus Bratzeit)

Pro Portion

ca. 708 kcal/2972 kJ
70 g E · 39 g F · 14 g KH

1 Den Backofen auf 225 °C vorheizen. Das Brötchen in der Milch einweichen. Die Kalbsleber waschen, abtrocknen und in den Mixer geben. Die Zwiebel schälen und grob zerkleinern. Die Champignons, bis auf 4 El, und den Schinken grob würfeln. Mit der Leber pürieren.

2 Das Püree mit dem ausgedrückten Brötchen, dem Ei und der gehackten Petersilie vermengen, salzen und pfeffern. In die Kalbsbrust eine Tasche schneiden.

3 Die Masse einfüllen, Öffnung mit Holzspießchen zustecken. Kalbsbrust salzen und pfeffern und in die Fettpfanne legen. Die zerlassene Butter darübergießen.

4 Im vorgeheizten Backofen bei 200 °C 1 1/2 Stunden braten. Nach und nach mit der Brühe begießen, anschließend herausnehmen und warm stellen.

5 Den Fond mit dem Wein aufkochen und in einen Topf gießen. Restliche Champignons blättrig schneiden, zugeben und 10 Minuten offen kochen. Die Sahne anschlagen, Sauce vom Herd nehmen und die Sahne unterheben. Dazu schmecken frisches Gemüse und ein Glas Weißwein.

Wildgerichte

Waldhasentopf

Zutaten für 4 Personen

1 küchenfertiger Waldhase
(ca. 1,5 kg)
3 Zwiebeln
1 Stück Sellerie
4 Möhren
750 ml Rotwein
5 Wacholderbeeren
1 Lorbeerblatt
2 Nelken
5 Pfefferkörner
Salz
40 g Butter
1 El Tomatenmark
2 El Mehl
etwas Zitronensaft
Petersilie

Zubereitungszeit

40 Minuten
(plus Marinier- und Bratzeit)

Pro Portion

ca. 213 kcal/896 kJ
3 g E · 4 g F · 9 g KH

1 Den Hasen mit der Geflügelschere und einem scharfen Messer in Portionsstücke schneiden. Dafür von dem Hasen die Vorderläufe, die Keulen, den Hals und den Rücken abtrennen. Alle Fleischteile nebeneinander in eine große flache Schüssel legen.

2 Die Zwiebeln schälen, grob würfeln und über die Fleischstücke streuen. Den Sellerie und die Möhren putzen, schälen und klein würfeln. Das Gemüse ebenfalls über dem Fleisch verteilen. Den Rotwein mit den zerdrückten Wacholderbeeren, dem Lorbeerblatt, den Nelken und den zerdrückten Pfefferkörnern vermischen.

3 Alles über das Fleisch gießen. Das Fleisch abdecken und darin 12 Stunden an einem kühlen Ort marinieren lassen. Anschließend das Fleisch aus der Marinade nehmen, abtropfen lassen, abtrocknen, salzen und in der heißen Butter anbraten.

4 Das abgetropfte Gemüse hinzufügen und 5 Minuten unter Rühren mitbraten. Tomatenmark hineinrühren, alles mit dem Mehl bestäuben und die Marinade unter Rühren hinzugießen.

5 Zugedeckt alles etwa 1 Stunde schmoren lassen. Das Fleisch herausnehmen und warm halten, den Bratenfond pürieren. Sauce mit Salz und Zitronensaft abschmecken und über das Fleisch geben. Mit Petersilie bestreuen und mit Schupfnudeln und frischem grünen Salat servieren.

Gebratene Rebhühner

Zutaten für 4 Personen

4 junge küchenfertige Rebhühner
Salz
4 dünne Scheiben Speck
40 g Butter
2 kleine Schalotten
2 Möhren
250 g blaue Weintrauben
100 ml Rotwein

Zubereitungszeit

10 Minuten
(plus Bratzeit)

Pro Portion

ca. 503 kcal/2110 kJ
56 g E · 23 g F · 13 g KH

1 Den Backofen auf 220 °C vorheizen. Die küchenfertigen Rebhühner waschen und abtrocknen, mit Salz rundherum einreiben. Anschließend jedes Rebhuhn mit je einer Speckscheibe umwickeln.

2 Die Butter in einem Bräter erhitzen, die Rebhühner hineinsetzen und mit der heißen Butter übergießen. Die Schalotten schälen und fein hacken, die Möhren schälen, waschen, in feine Streifen schneiden und ebenfalls hinzugeben. Alles zugedeckt im vorgeheizten Backofen bei 200 °C etwa 25–30 Minuten braten.

3 Rebhühner herausnehmen und warm halten. Die Weintrauben waschen, abtropfen lassen, halbieren, eventuell entkernen und in den Bräter geben, 5 Minuten mitbraten. Den Wein hinzugießen, aufkochen und zu den halbierten Rebhühnern servieren.

Kaninchen-Ragout

Goldgelbe Spätzle isst der Schwabe zu fast allen Bratengerichten, weil die Soße so schön daran haftet.

Zutaten für 4 Personen

800 g Kaninchenfleisch
500 ml Essig
125 ml Wasser
1 Zwiebel
1/2 Bund Suppengrün
Salz
1 Nelke
4 Pfefferkörner
1 Lorbeerblatt
2 Zitronenscheiben
40 g Butterschmalz
2 El Mehl
250 ml Fleischbrühe
100 ml Rotwein

Zubereitungszeit

15 Minuten
(plus Marinier- und Garzeit)

Pro Portion

ca. 410 kcal/1848 kJ
43 g E · 27 g F · 3 g KH

1 Das Fleisch würfeln. Den Essig mit dem Wasser mischen. Die Zwiebel schälen und grob zerkleinern. Das Suppengrün putzen, waschen und ebenfalls grob zerkleinern.

2 Zwiebel und Suppengrün mit Nelke, Pfefferkörnern, Lorbeerblatt und Zitronenscheibe hinzugeben. Das Fleisch hineingeben und zugedeckt mindestens 1 Tag marinieren lassen.

3 Das Fleisch herausnehmen, abtropfen lassen und abtrocknen. Das Butterschmalz erhitzen und das Fleisch darin braun braten. Die Zwiebel und das Suppengrün mitbraten. Alles mit dem Mehl bestäuben, die Fleischbrühe und die Beize hinzugießen, salzen und pfeffern und zugedeckt weich schmoren lassen. Die Sauce mit etwas Rotwein abschmecken und das Ragout mit Spätzle anrichten.

Rehschäufele

Zutaten für 4 Personen

1 kg Rehschlegel (Vorderkeule)
2 kleine Knoblauchzehen
700 ml Rotwein
3 Lorbeerblätter
4 Nelken
6 Pfefferkörner
Thymian
Rosmarin
Salz, Pfeffer
100 g Butterschmalz
500 g Suppengemüse
80 g Mehl
100 g Tomatenmark
250 ml Brühe
300 g saure Sahne
2 El Wacholderschnaps
200 g frische Pfifferlinge oder Stockschwämmchen
1 Schalotte
1 El Butter
1 El gehackte Petersilie

Zubereitungszeit

30 Minuten
(plus Marinier- und Bratzeit)

Pro Portion

ca. 848 kcal/3559 kJ
69 g E · 33 g F · 36 g KH

1 Das Fleisch im Gelenk durchteilen. Knoblauch schälen und fein hakken. Den Rotwein mit den Gewürzen, Kräutern und dem Knoblauch vermischen.

2 Fleisch darin mindestens 3 Tage marinieren. Herausnehmen, abtrocknen, mit Salz und Pfeffer würzen und in dem Schmalz rundherum scharf anbraten.

3 Das Suppengemüse putzen, waschen und grob zerkleinert 5 Minuten mitbraten. Alles mit dem Mehl bestäuben, das Tomatenmark darunterrühren und mit der Marinade und der Brühe aufkochen.

4 Zugedeckt etwa 1–2 Stunden gar schmoren. Fleisch herausnehmen, den Bratenfond pürieren und die saure Sahne unterrühren. Mit dem Schnaps abschmecken, Fleisch darin ziehen lassen. Die Pilze putzen.

5 Die Schalotte schälen, würfeln und in der Butter glasig dünsten. Pilze mitbraten, bis alle Flüssigkeit verdampft ist. Mit Salz und Pfeffer abschmecken. Fleisch mit der Sauce und den Pilzen servieren. Nach Geschmack mit Petersilie bestreuen und mit Hefeknöpfle servieren.

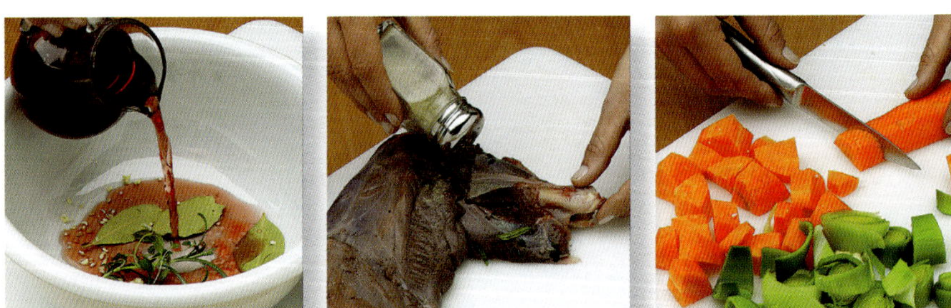

Rehnüsschen

Zutaten für 4 Personen

2 Rehnüsschen (ca. 750 g)
3 El Butter
Salz, Pfeffer
400 g Waldpilze
150 g saure Sahne
4 Scheiben Weißbrot

Zubereitungszeit

10 Minuten
(plus Bratzeit)

Pro Portion

ca. 415 kcal/1743 kJ
48 g E · 17 g F · 17 g KH

1 Das Fleisch in einer Pfanne mit 2 El Butter erhitzen und das Fleisch darin braun braten. Das Fleisch salzen und pfeffern und gar ziehen lassen.

2 Inzwischen Pilze putzen, sauber bürsten und möglichst nicht waschen. Die Pilze zerkleinern und in einer Pfanne ohne Fett braten, bis das Wasser verdampft ist. Anschließend restliche Butter hinzugeben und die Pilze braun braten, salzen und pfeffern.

3 Die Nüsschen herausnehmen und warm halten. Die saure Sahne in den Bratenfond rühren. Das Fleisch schräg in Scheiben schneiden und auf gerösteten Weißbrotscheiben anrichten. Die Pilze darüber verteilen und alles mit der Sauce beträufeln. Dazu schmecken Spätzle.

Wildente

Zutaten für 4 Personen

1 junge küchenfertige Wildente
Salz, Pfeffer
4 Wacholderbeeren
4 Scheiben grüner Speck
150 ml Weißwein
100 g saure Sahne
250 g Champignonscheiben aus der Dose
1 El Butter
1 El gehackte Petersilie

Zubereitungszeit

15 Minuten (plus Bratzeit)

Pro Portion

ca. 310 kcal/1302 kJ
22 g E · 21 g F · 3 g KH

1 Den Backofen auf 225 °C vorheizen. Die Wildente waschen, abtrocknen und innen und außen mit Salz, Pfeffer und den zerstoßenen Wacholderbeeren einreiben, anschließend mit dem Speck umwickeln. Ente in einen Bräter setzen und zugedeckt im vorgeheizten Backofen bei 220 °C etwa 25–40 Minuten braten.

2 10 Minuten vor Ende der Garzeit Bräter öffnen und Speckscheiben entfernen. Ente bräunen lassen, herausnehmen und warm halten. Den Bratenfond mit Wein loskochen, die saure Sahne unterrühren und abschmecken.

3 Die Champignons in der heißen Butter schwenken, salzen und pfeffern und unter die Sauce heben. Die Petersilie ebenfalls unterrühren. Die Ente tranchieren und mit der Sauce servieren. Dazu schmecken Zwetschgenknödel und Salat.

Fasanenbrust auf Winzerart

Zutaten für 4 Personen

1 kleine Zwiebel
1 Knoblauchzehe
3 El Butter
300 g frisches Sauerkraut
100 g gewürfelter Bauchspeck,
1 Wacholderbeere
1 Lorbeerblatt
Salz, Pfeffer
ca. 175 ml Weißwein
4 Fasanenbrüste à 200 g
300 g blaue Muskatellertrauben
150 ml Wildfond
20 ml Cognac
200 g Crème double

Zubereitungszeit

20 Minuten
(plus Gar- und Bratzeit)

Pro Portion

ca. 623 kcal/2615 kJ
52 g E · 34 g F · 17 g KH

1 Den Backofen auf 250 °C vorheizen. Die Zwiebel und den Knoblauch schälen und klein hacken. Zwiebel und Knoblauch in 1 El Butter glasig dünsten. Sauerkraut mit Bauchspeck 5 Minuten mitschmoren.

2 Die Wacholderbeere und das Lorbeerblatt hinzufügen. Salzen und pfeffern und 100 ml Weißwein zugießen. Alles etwa 20 Minuten garen.

3 Fasanenbrüste waschen, abtrocknen und in 1 El Butter scharf anbraten. Anschließend im vorgeheizten Backofen bei 200 °C 15 Minuten ziehen lassen. Die Weintrauben waschen, halbieren und in der restlichen Butter karamellisieren.

4 Die Fasanenbrüste herausnehmen und ebenfalls warm halten. Den Bratenfond mit dem Wildfond loskochen. Den Cognac, den restlichen Weißwein und die Crème double darunterrühren und einreduzieren lassen. Mit Salz und Pfeffer abschmecken.

5 Fleisch schräg in Scheiben schneiden, salzen und pfeffern. Mit Sauce, Sauerkraut und Weintrauben anrichten und mit Fingernudeln servieren.

Rehmedaillons mit Champignons

Zutaten für 4 Personen

300 g braune Champignons
1 Schalotte
2 Rehfilets
1 El Butterschmalz
Salz, Pfeffer
1 El Butter
100 ml Wildfond
oder Gemüsebrühe
1 El gehackte Petersilie

Zubereitungszeit

20 Minuten
(plus Bratzeit)

Pro Portion

ca. 185 kcal/778 kJ
1 g E · 21 g F · 1 g KH

1 Die Champignons putzen, säubern und in Scheiben schneiden. Die Schalotte schälen und klein hacken. Champignons und Schalotten beiseite stellen. Das Fleisch in 2 cm dicke Scheiben schneiden.

2 Das Butterschmalz stark erhitzen und Medaillons darin von jeder Seite etwa 2 Minuten braten. Salzen und pfeffern und warm halten.

3 Die Butter im Bratenfond erhitzen und die Champignonscheiben darin braun braten. Schalotten zufügen und mitbraten. So lange braten, bis die Flüssigkeit verdampft ist. Den Wildfond oder die Gemüsebrühe hinzugießen, etwas einkochen und abschmecken.

4 Die Medaillons anrichten. Champignons darauf verteilen und alles mit der gehackten Petersilie bestreut servieren. Dazu schmecken Spätzle, frischer grüner Spargel oder Salat.

Rostbraten vom Wildschwein mit Apfelkraut

Zutaten für 4 Personen

- 1 1/2 Bund Suppengemüse
- 3 Zwiebeln
- 2 Lorbeerblätter
- 10 weiße Pfefferkörner
- 1 Tl getrockneter Liebstöckel
- 1 kg Wildschweinrostbraten
- Salz
- 3 Äpfel
- 500 g Sauerkraut
- 2 El Öl

Zubereitungszeit

50 Minuten
(plus Marinier- und Bratzeit)

Pro Portion

ca. 400 kcal/1680 kJ
18 g E · 13 g F · 18 g KH

1 Das Suppengemüse putzen, waschen und grob zerteilen. Die Zwiebeln schälen und vierteln. Das Suppengrün mit 2 Zwiebeln, den Lorbeerblättern, Pfefferkörnern und dem Liebstöckel in einen Topf geben.

2 Topf zu 2/3 mit Wasser auffüllen und aufkochen lassen. Topf vom Herd nehmen und abkühlen. Das Fleisch mindestens 1 Stunde in dem Sud marinieren.

3 Fleisch herausnehmen, abtrocknen und in 4 dicke Scheiben schneiden. Das Butterschmalz erhitzen und das Fleisch darin von allen Seiten braun anbraten, anschließend salzen.

4 Zugedeckt gar schmoren lassen. Inzwischen 2 Äpfel schälen, vierteln, entkernen und zusammen mit der restlichen Zwiebel klein würfeln. Das Sauerkraut in dem Öl andünsten.

5 Äpfel und Zwiebel 5 Minuten mitdünsten, zugedeckt etwa 20 Minuten garen. Restlichen Apfel waschen, entkernen und in feine Spalten schneiden. Das Fleisch mit Apfelkraut und Apfelspalten anrichten und dazu Hefeklöße servieren.

Fischgerichte

Zanderfilet mit bunten Linsen

Zutaten für 4 Personen

je 50 g rote, gelbe, schwarze und grüne Linsen
40 g Butter
2 gewürfelte Schalotten
200 ml Brühe
Salz, Pfeffer
Balsamessig
600 g küchenfertiges Zanderfilet mit Haut
Olivenöl
4 dünne Scheiben geräucherter durchwachsener Speck
1 El Schnittlauchröllchen

Zubereitungszeit

15 Minuten
(plus Koch- und Bratzeit)

Pro Portion

ca. 325 kcal/1365 kJ
41 g E · 12 g F · 13 g KH

1 Die Linsen waschen, abtropfen lassen und bis auf die roten Linsen etwa 20 Minuten in kaltem Wasser einweichen, abtropfen lassen. Die Butter erhitzen und die Schalotten darin andünsten. Alle Linsen 1 Minute mitdünsten, die Brühe hinzugießen und die Linsen bissfest garen. Mit Salz, Pfeffer und Essig abschmecken.

2 Den Fisch waschen, abtrocknen und in 4 Stücke teilen. Haut kreuzförmig einschneiden, mit Salz und Pfeffer würzen und mit Öl bestreichen. Mit der Hautseite zuerst in Öl scharf anbraten, Fisch wenden. Den Speck dazulegen und kross braten. Der Fisch ist nach etwa 4 Minuten gar.

3 Linsen auf Teller verteilen, Speck und Zander darauf anrichten und mit Schnittlauch bestreut servieren. Dazu schmeckt ein geriebener warmer Kartoffelsalat.

Gespickter Hecht mit Sauerkraut

Zutaten für 4 Personen

800 g Hechtfilet
60 g fetter Speck
Salz
80 g Butter
2 El Semmelbrösel
150 g saure Sahne
1 gehackte Zwiebel
400 g Sauerkraut
Zucker
1 Lorbeerblatt
1 El gehackter Liebstöckel
80 ml Portwein
1 El Zitronensaft

Zubereitungszeit

15 Minuten
(plus Backzeit)

Pro Portion

ca. 435 kcal/1827 kJ
43 g E · 24 g F · 7 g KH

1 Den Fisch waschen, abtrocknen und in 4 Stücke teilen. Den Speck in dünne Streifen schneiden, das Filet damit spicken. Anschließend salzen und in Butter von beiden Seiten scharf anbraten. Mit Semmelbröseln bestreuen und mit der sauren Sahne begießen. Die Zwiebel im restlichen Speck glasig dünsten.

2 Den Backofen auf 175 °C vorheizen. Das Sauerkraut mit der Zwiebel-Speck-Mischung vermengen. Mit Salz, Zucker und Lorbeerblatt würzen und um den Fisch herum verteilen. Den Liebstöckel darüberstreuen, den Portwein hinzugießen. Den Fisch mit etwas Zitronensaft beträufeln.

3 Im vorgeheizten Backofen bei 175 °C etwa 10 Minuten garen. Den Fisch immer wieder mit dem sich bildenden Fond begießen. Dazu schmecken in Butter geschwenkte Spätzle.

Hecht

Lachs-Forellen-Terrine

Zutaten für 4 Personen

500 g Lachsfilet
150 g geräuchertes Forellenfilet
2 El Zitronensaft
1 Ei
400 g Crème fraîche
250 ml Sahne
Salz, Pfeffer
200 g Räucherlachsscheiben
Butter zum Ausfetten der Form

Zubereitungszeit

55 Minuten
(plus Marinier- und Kühlzeit)

Pro Portion

ca. 773 kcal/3245 kJ
47 g E · 63 g F · 5 g KH

1 Pastetenform mit Klarsichtfolie auskleiden einfetten und kalt stellen. Den Fisch waschen, abtrocknen, grob würfeln, mit Zitronensaft beträufeln und zugedeckt 1 Stunde im Kühlschrank marinieren.

2 Den Backofen auf 200 °C vorheizen. Die Fischwürfel pürieren. Nacheinander das Ei, die eiskalte Crème fraîche und die eiskalte Sahne untermixen. Die Farce salzen, pfeffern, in die Form füllen und glatt streichen. Die Form mehrfach kräftig auf die Arbeitsfläche stoßen, damit die Luftblasen entweichen.

3 Fettpfanne mit kochendem Wasser füllen und die verschlossene Form darin bei 200 °C etwa 30–35 Minuten garen. Backofen ausschalten und die Terrine 15 Minuten nachziehen lassen. Herausnehmen und auskühlen lassen.

4 Die kalte Terrine stürzen, Form mit Klarsichtfolie auslegen. Mit dem Räucherlachs auskleiden und Terrine wieder hineingleiten lassen.

5 Die Terrine mit restlichem Räucherlachs bedecken. Form verschließen und über Nacht kühl stellen. Zum Servieren die Terrine in Scheiben schneiden.

Im Bodensee werden die sogenannten Blaufelchen gefischt. Dieser Forellenfisch ist an Land sehr begehrt. Das helle, feste Fleisch schmeckt am besten in Butter gebraten, kann jedoch auch gedampft oder geräuchert werden.

Hechtröllchen mit Weinblättern an Schneckenragout

Zutaten für 4 Personen

1 P. gesalzene Weinblätter
600 g Hechtfilet
Salz, Pfeffer
ca. 400 g Schnecken
aus der Dose
1 Knoblauchzehe
200 ml Weißwein
1 El Butter
etwas Stärkemehl
2–4 El Sahne
frisch gehackte Gartenkräuter

Zubereitungszeit

20 Minuten
(plus Kochzeit)

Pro Portion

ca. 260 kcal/1092 kJ
41 g E · 5 g F · 4 g KH

1 Die Weinblätter wässern, das Hechtfilet waschen, abtrocknen, in 4 Stücke teilen und mit Salz und Pfeffer würzen. Die Schnecken in einem Sieb abtropfen lassen, Sud auffangen. Den Fisch in die abgetropften Weinblätter einrollen.

2 Die Knoblauchzehe schälen und mit Schneckenfond, dem Weißwein, etwas Wasser, Salz und Pfeffer aufkochen. Den Fisch darin gar ziehen lassen. Inzwischen die abgetropften Schnecken klein schneiden. Den Fisch herausnehmen und warm halten. Die Schnecken in den Kochsud geben.

3 Die Butter hineinrühren und alles mit glatt gerührter Stärke leicht binden. Sauce mit etwas Sahne und den Kräutern verfeinern. Den Fisch mit dem Schneckenragout anrichten. Dazu schmeckt in Brühe gedünsteter Kräuterreis.

Pflückhecht in Kapernsahne

Zutaten für 4 Personen

2 Zwiebeln
Saft und Schale von
1 unbehandelten Zitrone
1 Tl Salz
2 Lorbeerblätter
2 El Weißweinessig
1 l Wasser
40 g Butter
125 ml trockener Weißwein
250 g Schmand
250 g Sahne
Pfeffer
60 g Kapern
600 g Hechtfilet

Zubereitungszeit

20 Minuten
(plus Kochzeit)

Pro Portion

ca. 653 kcal/2740 kJ
32 g E · 50 g F · 14 g KH

1 Für den Sud 1 Zwiebel schälen, halbieren und mit dem Saft von 1/2 Zitrone, der Zitronenschale, Salz, den Lorbeerblättern, dem Essig und Wasser aufkochen. Den Sud 30 Minuten ziehen lassen und durch ein Sieb geben.

2 Für die Sauce die restliche Zwiebel schälen und in Würfel schneiden. Die Butter erhitzen und Zwiebel darin glasig dünsten. Den Wein, 125 ml Essigsud, den Schmand und die Sahne dazugeben und etwa 10 Minuten einköcheln. Die Sauce mit Salz, Pfeffer und Zitronensaft abschmecken, die Kapern darunterrühren.

3 Das Hechtfilet waschen, abtrocknen und im Essigsud etwa 5–7 Minuten gar ziehen lassen. Anschließend den Fisch in mundgerechte Stücke zerpflücken und mit der Sauce übergießen. Dazu schmecken Kartoffelklöße und Salat.

Gebeizte Lachsforelle an Dillschmand

Zutaten für 4 Personen

1 große Lachsforellenseite
1 El grobes Meersalz
40 g Zucker
Pfeffer
1/2 Bund Suppengemüse
1 1/2 Bund Dill
3 Wacholderbeeren
4 El Schmand
1 El Honig
1–2 El körniger Senf

Zubereitungszeit

15 Minuten
(plus Zeit zum Beizen)

Pro Portion

ca. 133 kcal/557 kJ
8 g E · 6 g F · 13 g KH

1 Den Fisch waschen, abtrocknen und von Gräten befreien. Das Salz mit dem Zucker, den Wacholderbeeren und Pfeffer fein zerdrücken.

2 Das Suppengrün putzen, waschen, in Stifte schneiden und mit der Würzmischung vermischen. Den Dill waschen und trocken schütteln. Die Hälfte der Würzmischung auf einer Glas- oder Keramikplatte verteilen.

3 Fisch darauflegen, mit einigen Dillzweigen belegen, Rest der Würz-Mischung darauf verteilen. Alles mit Frischhaltefolie abdecken und im Kühlschrank über Nacht beizen.

4 Fisch herausnehmen, waschen abtrocknen und zugedeckt wieder kalt stellen. Zum Servieren den Fisch in Streifen oder Scheiben schneiden und mit etwas Dill garnieren.

5 Restlichen Dill klein hacken und mit Honig und Senf verrühren. Mit Salz und Pfeffer abschmecken. Dazu schmeckt dunkles Bauernbrot und Zitronen- oder Meerrettichbutter.

Wetterauer Forelle

Zutaten für 4 Personen

4 küchenfertige Forellen
1 Zitrone
Salz
2 Möhren
1 Stange Porree
1 Stück Sellerie
1 Zwiebel
1 Stängel Thymian
4 Blätter Salbei
4 kleine Blätter Liebstöckel
4 Stängel Dill
1/2 Bund Petersilie
20 g Butter

Zubereitungszeit

15 Minuten
(plus Bratzeit)

Pro Portion

ca. 265 kcal/1113 kJ
34 g E · 10 g F · 8 g KH

1 Den Backofen auf 250 °C vorheizen, Die Forellen waschen, abtrocknen und mit dem Saft der Zitrone beträufeln. Forellen von innen und außen salzen. Das Gemüse putzen, waschen und klein schneiden. Die Zwiebel schälen und in feine Ringe schneiden.

2 Die Kräuter, bis auf die Petersilie, mit Zwiebel und Gemüse vermischen und die Forellen damit füllen. Anschließend vorsichtig in einen Bräter setzen und mit Butterflöckchen belegen. Die Forellen im vorgeheizten Backofen bei 225 °C etwa 7–10 Minuten braten.

3 Fisch herausnehmen, Haut abziehen, Forellen warm halten. Fischhaut würfeln und mit 2 El Butter und der gehackten Petersilie schön kross braten. Mischung über den Fisch geben und mit Salzkartoffeln servieren.

Die Wetterau liegt nördlich von Frankfurt am Main, östlich des Taunus und südwestlich des Vogelbergs. Der Namensgeber dieser Landschaft ist das Flüsschen Wetter.

Bachforellen mit Trauben und Mandeln

Zutaten für 4 Personen

4 frische küchenfertige Bachforellen
Salz
Zitronensaft
175 g grüne Weintrauben
50 g Mandelblättchen
1 El Mehl
100 g Butter
125 ml Fischfond
125 ml Riesling
150 ml Sahne
Speisestärke
Pfeffer aus der Mühle

Zubereitungszeit

15 Minuten
(plus Bratzeit)

Pro Portion

ca. 615 kcal/2583 kJ
36 g E · 45 g F · 14 g KH

1 Die Forellen waschen, abtrocknen und mit Salz und Zitronensaft würzen. Den Backofen auf 200 °C vorheizen. Die Trauben waschen und abtropfen lassen. Die Mandelblättchen rösten und beiseite stellen.

2 Fische mit Mehl bestäuben und in 40 g heißer Butter anbraten. Mit dem Bratfett auf ein Backblech geben. Im vorgeheizten Backofen bei 200 °C etwa 15 Minuten garen. Den Fischfond und den Riesling auf die Hälfte einkochen. Sahne zugießen und 5 Minuten kochen lassen. Die Sauce mit etwas Speisestärke binden. 40 g eiskalte Butter unterschlagen, mit Salz und Pfeffer würzen.

3 Die Trauben in der restlichen Butter erhitzen, mit etwas Pfeffer würzen. Die Forellen mit der Sauce anrichten, Trauben und Mandeln darüber verteilen.

Gemüse

Lauchgemüse

Zutaten für 4 Personen

1 kg Lauch
250 ml Fleischbrühe
40 g Butter
3 El Mehl
2 El geriebener würziger Käse
4 El saurer Rahm

Zubereitungszeit

15 Minuten
(plus Kochzeit)

Pro Portion

ca. 210 kcal/880 kJ
10 g E · 14 g F · 11 g KH

1 Den Lauch putzen, der Länge nach halbieren und gründlich waschen, abtropfen lassen. Anschließend in fingerdicke Stücke schneiden und in der kochenden Fleischbrühe etwa 15 Minuten garen lassen.

2 Den Lauch in einem Sieb abtropfen lassen, den Sud dabei auffangen. Die Butter erhitzen, das Mehl hineinrühren und goldgelb schwitzen lassen.

3 Nach und nach mit dem Kochsud zu einer glatten Sauce verrühren, 5 Minuten durchkochen lassen. Den frisch geriebenen Käse und den Rahm darunterrühren und alles etwa 5 Minuten köcheln lassen. Den Lauch mit der Sauce vermischen, 1 Minute kochen lassen und zu Schinkenspätzle servieren.

Linsengemüse

Linsa mid Schbäzla önd Soidawirschd – Linsen mit Spätzle und Saitenwurst – sind eine Spezialität der Schwaben, die man nicht verpassen sollte.

Zutaten für 4 Personen

300 g schwarze Linsen
1 kleine Zwiebel
30 g Butter
50 g Mehl
250 ml Gemüsebrühe
Salz, Pfeffer
1–2 El Essig

Zubereitungszeit

15 Minuten
(plus Einweichzeit,
plus Kochzeit)

Pro Portion

ca. 400 kcal/1680 kJ
19 g E · 15 g F · 47 g KH

1 Die Linsen verlesen und in kaltem Wasser über Nacht einweichen. Am nächsten Tag die Linsen in einem Sieb abtropfen lassen, anschließend mit frischem Wasser aufkochen. Die Linsen wieder abgießen, mit frischem Wasser erneut zum Kochen bringen und bissfest garen.

2 Inzwischen die Zwiebel schälen und fein hacken, die Butter erhitzen, die Zwiebel darin glasig dünsten und das Mehl darin goldgelb schwitzen lassen. Mit der Brühe zu einer Sauce verrühren und etwa 5 Minuten köcheln lassen. Die Sauce mit Salz, Pfeffer und Essig abschmecken.

3 Die Linsen abtropfen lassen, unter die Sauce rühren und 10 Minuten köcheln lassen. Dazu werden traditionell Spätzle und Würstchen serviert.

Gemüsetorte mit Rinderbrühwürstl

Zutaten für 4 Personen

450 g Mehl
7 Eier
Salz
Muskat
1 Tl Öl
Wasser
100 g Blattspinat
180 g Butter
200 g Rinderbrühwürstl
3 Tomaten
200 g geriebener Butterkäse
125 ml Milch
125 ml Sahne
Mehl zum Ausrollen

Zubereitungszeit

40 Minuten
(plus Backzeit)

Pro Portion

ca. 1298 kcal/5450 kJ
46 g E · 86 g F · 85 g KH

1 Den Backofen auf 180 °C vorheizen. 200 g Mehl mit 2 Eiern, Salz, Muskat, Öl und wenig Wasser zu einem leicht zähen Teig verarbeiten. Daraus Spätzle bereiten, in Salzwasser garen und abtropfen lassen.

2 Den Spinat putzen, waschen und 1 Minute blanchieren, abschrecken und abtropfen lassen. Aus dem restlichen Mehl, der Butter, 1 Ei und etwas Salz einen Mürbeteig kneten. Den Teig ausrollen und eine gefettete Springform damit auslegen. Die Spätzle darauf gleichmäßig verteilen.

3 Die Würste in dünne Scheiben schneiden und auf den Spätzle verteilen. Den ausgedrückten Spinat darüber verteilen. Die Tomaten überbrühen, häuten, den Stielansatz entfernen und klein würfeln.

4 Die Tomatenwürfel auf dem Spinat verteilen und mit dem Käse bestreuen. Die restlichen Eier mit der Milch und der Sahne verquirlen, mit etwas Salz und Muskat würzen und über den Käse gießen.

5 Alles im vorgeheizten Backofen bei etwa 180 °C etwa 45 Minuten backen. Die Gemüsetorte vor dem Anschneiden etwa 5 Minuten abkühlen lassen.

Weißes Rübengemüse

Zutaten für 4 Personen

800 g weiße Rüben
ca. 300 ml Fleischbrühe
40 g Butter
Salz, Pfeffer
frisch geriebene Muskatnuss
2 Kartoffeln
1 Zwiebel
40 g Mehl
1 Tl Zucker

Zubereitungszeit

20 Minuten
(plus Kochzeit)

Pro Portion

ca. 222 kcal/930 kJ
8 g E · 11 g F · 23 g KH

1 Die Rüben putzen, dick schälen und waschen. Anschließend in dünne Streifen schneiden, mit kalter Fleischbrühe, der Hälfte der Butter, Pfeffer, Salz und Muskat zum Kochen bringen.

2 Die Kartoffeln schälen, waschen und klein geschnitten auf die Rüben legen und etwa 1 1/2 Stunden kochen lassen. Die Rüben nicht ganz weich kochen. Die Zwiebel schälen und fein würfeln.

3 Die restliche Butter erhitzen, die Zwiebel darin glasig dünsten und alles mit dem Mehl bestäuben. Das Mehl unter Rühren 3 Minuten schwitzen lassen. Den Zucker zur Zwiebelmasse hinzugeben und bräunen lassen. Alles zu den Rüben geben, darunterheben und fertig garen lassen.

Filderkraut

Am Sonntag des dritten Oktoberwochenendes lädt Leinfelden-Echterdingen zum Filderkrautfest ein, wo die Krautköpfe geschätzt und gewogen, geschmückt und in sportlichen Stafetten durch die Straßen getragen werden.

Zutaten für 4 Personen

1 Zwiebel
40 g Gänseschmalz
1 kg Sauerkraut
200 ml Fleischbrühe
3 Wacholderbeeren
1 große Kartoffel
1 Apfel
100 ml Weißwein oder Apfelmost

Zubereitungszeit

15 Minuten (plus Kochzeit)

Pro Portion

ca. 236 kcal/994 kJ
8 g E · 12 g F · 18 g KH

1 Die Zwiebel schälen und fein würfeln. Das Gänseschmalz in einem Topf erhitzen und die Zwiebel darin glasig dünsten. Das Sauerkraut mit einer Gabel etwas auseinander zupfen und hinzufügen, die Fleischbrühe und die zerdrückten Wacholderbeeren ebenfalls hinzufügen.

2 Die Kartoffel schälen, waschen und dazureiben. Den Apfel waschen, entkernen und fein geschnitten ebenfalls zu dem Sauerkraut hinzufügen. Das Kraut etwa 45 Minuten schmoren lassen.

3 Von Zeit zu Zeit etwas mit der Gabel auflockern. Etwa 10 Minuten vor dem Servieren den Wein hinzufügen und fertig garen. Dazu schmecken Hefeknöpfle mit Butterbröseln und Bratwurst.

Salzbohnen

Zutaten für 4 Personen

1,5 kg frisch gepflückte, zarte junge Stangenbohnen
500 g Salz
4–5 Zweige frisches Bohnenkraut

Zubereitungszeit

25 Minuten
(plus Zeit zum Gären)

Pro Portion

ca. 96 kcal/404 kJ
9 g E · 1 g F · 12 g KH

1 Einen Steinguttopf mit kochendem Wasser gut ausspülen und sehr sorgfältig abtrocknen. Die Bohnen waschen, putzen, abfädeln und in kochendem Wasser 3 Minuten blanchieren.

2 Die Bohnen abschrecken und abtropfen lassen. Anschließend mit einem Messer oder dem Bohnenhobel in etwa 2 bis 3 cm lange Stücke schneiden. Den Boden des Steinguttopfes dick mit Salz bestreuen. Bohnenkraut waschen, trocken schütteln und etwas davon hinzufügen.

3 Abwechselnd eine etwa 2 bis 3 cm dicke Schicht Bohnen und eine dicke Schicht Salz hineinfüllen, jeweils auch etwas Bohnenkraut dazwischen streuen. Dabei jede Schicht fest andrücken und mit einer Lage Salz die Schichtung abschließen. Alles mit einer umgedrehten Untertasse abdecken, sodass die Bohnen mit dem Salz gut bedeckt bleiben.

4 Den Topf mit einem Tuch abdecken, mit einem Gewicht beschweren und mit einem Deckel verschließen. Die Untertasse einmal pro Woche abwaschen und jeweils ein frisches Tuch wieder auflegen. Immer darauf achten, dass das Salzwasser über den Bohnen steht, ansonsten mit abgekochtem, erkaltetem Salzwasser auffüllen.

5 Frühestens nach einem Gärprozess von 6–8 Wochen sind die Bohnen verzehrfähig. Besser noch ist es, bis zum Winter zu warten.

Schwarzwurzeln

Zutaten für 4 Personen

1 kg Schwarzwurzeln
Essig
Salz
200 ml Milch
1 Zwiebel
40 g Butter
40 g Mehl
frisch geriebene Muskatnuss
4 El Sahne
1 Eigelb

Zubereitungszeit

25 Minuten
(plus Kochzeit)

Pro Portion

ca. 167 kcal/699 kJ
7 g E · 7 g F · 18 g KH

1 Die Schwarzwurzeln abbürsten, schälen, in 3 cm lange Stücke schneiden, je nach Dicke halbieren und sofort in Essigwasser legen, damit sie sich nicht braun verfärben.

2 Die Schwarzwurzeln in kochendem Salzwasser mit der Milch weich kochen. Die Zwiebel schälen, fein würfeln und in der heißen Butter glasig dünsten. Das Mehl darüberstäuben und mit dem Sud zu einer glatten Sauce verrühren.

3 Die Sauce etwa 5 Minuten durchkochen lassen und mit etwas Salz, Pfeffer und Muskatnuss abschmecken. Die Schwarzwurzeln hinzufügen und etwa 3 Minuten mitkochen. Die Sahne mit dem Eigelb verrühren und das Gemüse damit legieren.

Bietigheimer Laubfrösche

Zutaten für 4 Personen

24 große Spinatblätter
Salz
300 g frische Bratwürste
1 fein gehackte Zwiebel
2 El gehackte Petersilie
1 Tl gehackter Thymian
weißer Pfeffer
frisch geriebene Muskatnuss
2 El Butter
250 ml Gemüsebrühe
2 Tomaten
1 El Tomatenmark
150 g Crème fraîche
Holzspießchen

Zubereitungszeit

60 Minuten

Pro Portion

ca. 390 kcal/1638 kJ
12 g E · 36 g F · 5 g KH

1 Den Spinat putzen, waschen, 1 Minute blanchieren, abschrecken und abtropfen lassen. Das Brät aus der Haut herausdrücken. Brät mit Zwiebeln und Kräutern verkneten, mit Pfeffer, Muskat und Salz würzen. Jeweils 2 Spinatblätter überlappend nebeneinander legen. Die Füllung darauf verteilen, Seiten einklappen, aufrollen und mit Holzspießchen feststecken.

2 Das Fett erhitzen, Laubfrösche darin anbraten. Die Brühe hinzugießen, zugedeckt 20 Minuten schmoren. Die Tomaten häuten, waschen und würfeln. Laubfrösche herausnehmen, das Tomatenmark und die Crème fraîche in den Fond hineinrühren und 5 Minuten köcheln lassen.

3 Mit Salz und Pfeffer abschmecken. Laubfrösche in die Sauce geben und mit Tomatenwürfel bestreut servieren. Dazu schmecken Spätzle.

Hohenloher Spargel

Zutaten für 4 Personen

1,2 kg Spargel
40 g Butter
Zucker
Salz
40 g Mehl
Muskat
Saft von 1/2 Zitrone
3 El Weißwein
2 El süße Sahne
1 Eigelb

Zubereitungszeit

25 Minuten
(plus Kochzeit)

Pro Portion

ca. 203 kcal/853 kJ
8 g E · 12 g F · 15 g KH

1 Den Spargel waschen, vom Kopf aus zum Spargelende hin schälen. Die Stielenden etwa 1 cm dick abschneiden, den Spargel anschließend zu 4 Bündeln binden. In einem breiten Topf Wasser zum Kochen bringen, die Spargelschalen und die Stielenden vom Spargel darin 10 Minuten kochen lassen. Alles in ein Sieb geben und den Spargelfond dabei auffangen.

2 Den Spargelfond wieder zurück in den Topf geben und zum Kochen bringen. 1 Tl Butter, 1 Prise Zucker und etwas Salz hinzugeben und die Spargelbündel darin etwa 15 Minuten kochen lassen. Den Topf vom Herd nehmen und den Spargel noch 15 Minuten nachgaren lassen.

3 Inzwischen die restliche Butter in einem anderen Topf zerlassen, das Mehl hinzufügen und unter Rühren goldgelb schwitzen lassen. Alles nach und nach mit etwa 500 ml Spargelsud zu einer glatten Sauce verrühren. Die Sauce etwa 5 Minuten gut durchkochen lassen.

4 Anschließend die Sauce mit Salz, Muskat, Zitronensaft und Weißwein abschmecken. Die Sahne mit dem Eigelb verrühren und die Sauce damit legieren.

5 Sauce zu dem abgetropften Spargel servieren. Dazu schmecken hauchdünne Scheiben Schinken und in Butter geschwenkte Spätzle.

Hohenlohe ist das Land der Burgen und Schlösser. Von der Waldenburg aus, die über der Hohenloher Ebene am Trauf des Schwäbisch-Fränkischen Waldes thront, hat man eine fantastische Aussicht über weite Teile des Hohenlohekreises.

Desserts und Gebäck

Ofenschlupfer

Zutaten für 4 Personen

80 g Butter
6 altbackene Milchsemmeln
6 Äpfel
Zimt
50 g Rosinen
3 Eier
ca. 500 ml Milch
4 El Zucker
Puderzucker

Zubereitungszeit

20 Minuten
(plus Backzeit)

Pro Portion

ca. 473 kcal/1985 kJ
12 g E · 27 g F · 45 g KH

1 Den Backofen auf 225 °C vorheizen. Mit 20 g Butter eine Auflaufform ausfetten. Die Semmeln in Scheiben schneiden. Die Äpfel schälen, das Kernhaus ausstechen und in etwa 1/2 cm dicke Scheiben schneiden.

2 In die Auflaufform eine Schicht Semmelscheiben hineinlegen, darüber eine Schicht Apfelscheiben. Mit etwas Zimt bestreuen und einige Rosinen darübergeben.

3 Abwechselnd Semmel- und Apfelscheiben einschichten und bestreuen. Anschließend die Eier mit der Milch und dem Zucker verquirlen und darübergießen. Restliche Butter in kleinen Flöckchen daraufsetzen. Auflauf im Backofen bei 200 °C etwa 1 Stunde backen. Den Ofenschlupfer mit Puderzucker bestreuen und warm servieren.

Pfitzauf

Zutaten für 4 Personen

250 g Mehl
500 ml Milch
4 Eier
1 Prise Salz
40 g zerlassene Butter
Butter zum Einfetten
Puderzucker

Zubereitungszeit

15 Minuten
(plus Backzeit)

Pro Portion

ca. 460 kcal/1932 kJ
18 g E · 20 g F · 51 g KH

Wie beim Soufflé ist es besonders wichtig, dass der Backofen geschlossen bleibt, bis die Pfitzauf zu Ende gebacken sind. Und nur wer wirklich frische Eier für die Zubereitung verwendet, kann erwarten, dass das Backwerk gelingt.

1 Den Backofen auf 225 °C vorheizen. Aus dem Mehl mit der Milch, den Eiern und 1 Prise Salz einen glatten Teig rühren. Die Butter in einem Topf zerlassen und unter den Teig ziehen. Eine Pfitzaufform oder kleine ofenfeste Auflaufförmchen gut mit Butter einfetten.

2 Die Form oder die Förmchen jeweils zur Hälfte mit dem Teig füllen, anschließend 30–35 Minuten backen. Die Pfitzauf heiß aus der Form stürzen und mit Puderzucker bestreut zu Zwetschgenkompott servieren.

3 Alternativ die Pfitzauf erkalten lassen. Anschließend waagerecht halbieren und mit steif geschlagener Sahne füllen. Zum Kaffee servieren.

Nonnenfürzle

Zutaten für 4 Personen

40 g Hefe
300 ml lauwarme Milch
75 g Zucker
500 g Mehl
50 g Butter
3 Eier
3 El Rum
1 abgeriebene Zitronenschale
Salz
1 1/2 kg Butterschmalz zum Backen

Zubereitungszeit

20 Minuten (plus Zeit zum Gehen, plus Frittierzeit)

Pro Portion

ca. 723 kcal/3035 kJ
22 g E · 20 g F · 112 g KH

1 Die Hefe mit der warmen Milch und 1 Tl Zucker glatt verrühren. Den Vorteig abgedeckt etwa 30 Minuten gehen lassen. Er sollte sich in dieser Zeit verdoppeln.

2 Inzwischen das Mehl mit dem restlichen Zucker, der weichen Butter, den Eiern, dem Rum und der abgeriebenen Zitronenschale in eine Schüssel geben.

3 Die Hefemilch hinzufügen und alles miteinander zu einem gerührten Hefeteig verarbeiten. Den Hefeteig zugedeckt erneut etwa 30 Minuten gehen lassen. Inzwischen das Butterschmalz in einem weiten Topf auf 180 °C erhitzen.

4 Das Fett ist heiß genug, wenn sich an einem Holzstäbchen, das man in das Fett hineinhält, kleine Bläschen bilden. Von dem Hefeteig mit einem Teelöffel kleine Klößchen abstechen und in das heiße Butterschmalz gleiten lassen.

5 Die Nonnenfürzle darin portionsweise rundherum etwa 5–8 Minuten goldgelb ausbacken, herausnehmen und auf einem Kuchengitter abtropfen lassen. Nacheinader den gesamten Teig so verarbeiten. Nicht zu viel Teig in das Fett geben, da es dann schnell auskühlt und das Gebäck zu viel Fett aufnimmt. Die Nonnenfürzle dick mit Puderzucker bestäubt servieren.

Die Nonnenfürzle leiten ihren Namen vom mittelhochdeutschen 'nunnekenfurt' ab, was so viel heißt wie: von Nonnen gemacht'.

Sauermilchkuchen

Zutaten für 1 Kuchen

450 g Mehl
1 P. Backpulver
1 P. Vanillezucker
200 g Zucker
4–5 Eier
1 Prise Salz
250 g Butter
500 ml Sauermilch
oder Dickmilch
200 g Crème fraîche
abgeriebene Schale
von 1/2 unbehandelten
Zitrone
Mehl zum Ausrollen

Zubereitungszeit

20 Minuten
(plus Kühl- und Backzeit)

Pro Stück

ca. 198 kcal/833 kJ
3 g E · 10 g F · 22 g KH

1 Für den Mürbeteig 375 g Mehl mit dem Backpulver, dem Vanillezucker, 125 g Zucker, 1 Ei, Salz und der Butter verkneten. Mürbeteig abgedeckt 30 Minuten kalt stellen. Den Backofen auf 200 °C vorheizen.

2 Den Mürbeteig auf etwas Mehl ausrollen und eine Fettpfanne damit auslegen. Den Teigrand etwas hochziehen. Die restlichen Eier trennen. Die Eigelb mit dem restlichen Zucker schaumig rühren. Nach und nach das restliche Mehl, die durchgerührte Sauermilch, die Crème fraîche und die Zitronenschale darunterrühren.

3 Das Eiweiß zu steifem Schnee schlagen und unter die Eigelbmasse heben. Die Masse auf den Mürbeteig geben und glatt streichen. Im vorgeheizten Backofen bei 200 °C etwa 40 Minuten goldgelb backen.

Zwetschgenkuchen

Zutaten für 1 Kuchen

375 g Mehl
1 P. Backpulver
1 P. Vanillezucker
225 g Zucker
1 Ei
350 g Butter
1,5 kg Zwetschgen
100 g gemahlene Haselnüsse
40 g gehackte Haselnüsse
100 g Paniermehl
1 El Zimt
Mehl zum Ausrollen

Zubereitungszeit

25 Minuten
(plus Kühl- und Backzeit)

Pro Stück

ca. 271 kcal/1138 kJ
3 g E · 16 g F · 29 g KH

1 Für den Mürbeteig das Mehl mit dem Backpulver, dem Vanillezucker, 125 g Zucker, dem Ei und 250 g Butter verkneten. Mürbeteig abgedeckt 30 Minuten kalt stellen. Den Backofen auf 200 °C vorheizen. Inzwischen die Zwetschgen putzen, waschen, abtrocknen und entkernen.

2 Den Mürbeteig auf etwas Mehl ausrollen und eine eingefettete Fettpfanne damit auslegen. Die Haselnüsse mit dem restlichen Zucker, dem Paniermehl und dem Zimt gut vermischen. Die Hälfte davon auf den Teig streuen. Zwetschgen so eng wie möglich auf den Mürbeteigboden stellen, mit der restlichen Nussmischung bestreuen.

3 Restliche Butter in Flöckchen aufsetzen und den Kuchen etwa 40 Minuten backen. Den Zwetschgenkuchen noch lauwarm mit steif geschlagener Sahne oder Vanilleeis servieren.

Eisgugelhupf mit Rumrosinen

Zutaten für 1 Kuchen

160 g Zucker
150 g Blockschokolade
1–2 El Rum
2 Eier
2 cl Orangenlikör
400 ml Sahne
30 g Rumrosinen
40 g Mandelblättchen
Öl zum Einfetten

Zubereitungszeit

30 Minuten
(plus Gefrierzeit)

Pro Stück

ca. 275 kcal/1158 kJ
5 g E · 18 g F · 24 g KH

1 Für die Schokoladensauce 125 ml Wasser aufkochen lassen, 80 g Zucker dazugeben, die Blockschokolade klein geschnitten darunterrühren und dick einkochen lassen. Mit Rum abschmecken und die Sauce kalt stellen.

2 Für das Eis Eier mit restlichem Zucker im Wasserbad bis kurz vor dem Kochen dickschaumig aufschlagen. Kurz aufwallen lassen, vom Herd nehmen und weiterschlagen.

3 Die Eimasse in Eiswasser kalt schlagen. Mit dem Orangenlikör vermischen. Die Sahne steif schlagen und unter die kalte Eimasse heben. Für den Eisgugelhupf eine Gugelhupfform etwas einölen und mit dünner Klarsichtfolie glatt auslegen. 1/3 der Eimasse hineingeben, glatt streichen.

4 1/3 der Eimasse mit der Schokoladensauce und den Rumrosinen sorgfältig vermischen und ebenfalls in die Form geben, glatt streichen. Das restliche Drittel der Eimasse darübergießen, erneut glatt streichen. Die Form abdecken und etwa 6 Stunden gefrieren lassen.

5 Mandelblättchen in einer Pfanne ohne Fett goldbraun rösten, auskühlen lassen. Zum Servieren die Form stürzen, eventuell zuvor kurz in heißes Wasser tauchen. Den Eisgugelhupf mit gerösteten Mandelblättchen bestreuen und servieren.

Schwäbischer Apfelkuchen

Zutaten für 1 Kuchen

600 g Äpfel
1 El Zitronensaft
5 Eier
220 g Zucker
125 g Butter
250 g Mehl
1/2 P. Backpulver
1 Prise Salz
4–5 El Quittengelee
oder Aprikosenkonfitüre

Zubereitungszeit

30 Minuten
(plus Backzeit)

Pro Stück

ca. 288 kcal/1208 kJ
6 g E · 12 g F · 39 g KH

1 Den Backofen auf 200 °C vorheizen. Die Äpfel schälen, halbieren und die Kerngehäuse entfernen. Die Apfelhälften mit einem Messer mehrmals längs einschneiden und mit dem Zitronensaft beträufeln.

2 Die Eier mit dem Zucker schaumig rühren, die Butter darunterrühren. Das Mehl mit dem Backpulver und dem Salz vermischen, ebenfalls unterrühren. Eine Springform gut mit Butter einfetten.

3 Den Teig hineinfüllen, die Apfelhälften mit der eingeschnittenen Seite nach oben gleichmäßig darauf verteilen und leicht hineindrücken. Den Kuchen im vorgeheizten Backofen bei 200 °C etwa 50 Minuten backen, anschließend mit Gelee oder Konfitüre bestreichen.

Träubleskuchen

Zutaten für 1 Kuchen

200 g Mehl
1 Tl Backpulver
125 g Butter
200 g Zucker
2 Eigelb
500 g Träuble
(rote und schwarze Johannisbeeren)
2 Eiweiß
2 Tl Speisestärke

Zubereitungszeit

25 Minuten
(plus Backzeit)

Pro Stück

ca. 237 kcal/994 kJ
3 g E · 10 g F · 32 g KH

1 Das Mehl mit dem Backpulver vermischen, mit der Butter, der Hälfte des Zuckers und dem Eigelb zu einem Mürbeteig verkneten. Den Teig 30 Minuten kalt stellen.

2 Mit dem ausgerollten Teig den Boden einer gefetteten Springform auslegen, den Rand etwas hochdrücken. Im vorgeheizten Backofen bei 200 °C etwa 15 Minuten backen. Die Johannisbeeren waschen, mit einer Gabel von den Stielen streifen. Einige Stiele zur Garnierung beiseite legen.

3 Das Eiweiß zu steifem Schnee schlagen, restlichen Zucker und die Speisestärke hinzufügen und 5 Minuten weiterschlagen. Die Beeren unter die Eiweißmasse heben. Masse auf den gebackenen Kuchen geben und bei 200 °C etwa 10–15 Minuten nur hellgelb backen. Mit Beeren garniert servieren.

Käskuchen

Zutaten für 1 Kuchen

375 g Mehl
1 P. Backpulver
1 P. Vanillezucker
250 g kalte Butter
150 g Zucker
7 Eier
1 Prise Salz
125 g weiche Butter
180 g Puderzucker
500 g Sahnequark (40%)
1 P. Zitronenpuddingpulver
1 El Speisestärke
250 ml Sahne

Zubereitungszeit

30 Minuten
(plus Backzeit)

Pro Stück

ca. 306 kcal/1284 kJ
9 g E · 15 g F · 32 g KH

1 Für den Mürbeteig das Mehl mit dem Backpulver, dem Vanillezucker, der kalten Butter, dem Zucker, 1 Ei und der Prise Salz sorgfältig verkneten. Den Teig zugedeckt etwa 30 Minuten kalt stellen.

2 Inzwischen für die Füllung die restlichen Eier trennen. Das Eigelb schaumig schlagen. Die weiche Butter und den Puderzucker darunterschlagen. Den Sahnequark hinzugeben und darunterrühren. Alles so lange rühren, bis die Masse schön cremig ist.

3 Das Puddingpulver mit der Speisestärke sorgfältig vermischen und ebenfalls unterrühren. Die Sahne und das Eiweiß getrennt steif schlagen und beides locker unter die Quarkmasse heben.

4 Den Mürbeteig ausrollen und eine mit Backpapier ausgelegte Backform damit auslegen, den Rand etwas hochdrücken. Die Quarkfüllung darauf verteilen. Alles im vorgeheizten Backofen bei 175 °C etwa 1 1/2 Stunden backen lassen.

5 Mit einem Holzstäbchen in die Mitte des Kuchens einstechen und prüfen, ob der Kuchen gar ist. Bleibt nichts mehr an dem Holzstäbchen hängen und ist er schön goldbraun, ist der Kuchen fertig. Den Kuchen herausnehmen und mit einem Messer den Rand vorsichtig lösen. Den Käskuchen in der Form erkalten lassen.

Fasnachtsküchle

Zutaten für 4 Personen

1 Würfel Hefe
50 g Zucker
250 ml Milch
500 g Mehl
1 Tl Salz
2 Eier
75 g Butter
etwas Mehl zum Ausrollen
250 g Schmalz
Zimtzucker

Zubereitungszeit

15 Minuten
(plus Zeit zum Gehen,
plus Ausbackzeit)

Pro Portion

ca. 723 kcal/3035 kJ
19 g E · 25 g F · 105 g KH

1 Die Hefe mit etwas von dem Zucker und der lauwarmen Milch verrühren, beiseite stellen. Das Mehl in eine Schüssel geben. Restlichen Zucker, das Salz, die Eier, die weiche Butter und die Hefemilch dazugeben.

2 Alles so lange zu einem geschmeidigen Hefeteig verkneten, bis er sich vom Rand löst. Zugedeckt etwa 20 Minuten gehen lassen. Anschließend einmal durchkneten und auf einer mit etwas Mehl bestäubten Fläche fingerdick ausrollen.

3 Mit dem Backrädchen kleine Vierecke ausrädeln, mit einem Küchentuch abdecken und 15 Minuten gehen lassen. Inzwischen das Schmalz erhitzen. Die Küchlein nacheinander in dem heißen Schmalz goldbraun backen, abtropfen lassen. Mit Zimtzucker bestreut servieren.

Dinnete

Zutaten für 1 Kuchen

20 g Hefe
125 ml lauwarme Milch
250 g Mehl
120 g Butter
1 Ei
100 g Zucker
1 Prise Salz
300 g Schmand
3 Eigelb
3 El Rosinen
Hagelzucker zum Bestreuen

Zubereitungszeit

30 Minuten
(plus Backzeit)

Pro Stück

ca. 292 kcal/1225 kJ
5 g E · 19 g F · 26 g KH

1 Die Hefe mit etwas von der warmen Milch glatt verrühren, so viel von dem Mehl dazugeben, bis ein dünner Vorteig entsteht. Den Vorteig abgedeckt etwa 1 Stunde gehen lassen.

2 100 g Butter schaumig rühren, mit dem Ei, 40 g Zucker, Salz, restlicher Milch, restlichem Mehl und dem Vorteig verkneten. Zugedeckt etwa 40 Minuten gehen lassen. Den Backofen auf 200 °C vorheizen. Den Schmand mit Eigelb und restlichem Zucker verrühren.

3 Hefeteig ausrollen und in eine gefettete Springform legen. Den Belag darauf verteilen, Rosinen und Hagelzucker darüberstreuen und Butterflöckchen daraufsetzen. Dinnete etwa 25 Minuten goldbraun backen und heiß servieren.

Dinnete

Rezeptregister

Bildnachweis

Seite 4, 6–7 Werner OTTO Reisefotografie; Seite 9 Kloster Maulbronn, UNESCO Weltkulturerbe, Foto: Stark; Seite 10, 11 oben, 15, 18, 23 oben und Mitte Schwäbische Alb Tourismusverband; Seite 11 unten Melanchthonhaus, Bretten, Landesbildstelle Baden; Seite 13, 14, 21, 23 unten dpa; Seite 12/13 © beatuerk - Fotolia.com, Seite 126/127 © lool - Fotolia.com; Umschlag oben links @ anweber - Fotolia.com